知乎

发现更大的世界

大学四年

我多想在入校前就知道的事

知乎 编著

中国轻工业出版社

图书在版编目（CIP）数据

大学四年：我多想在入校前就知道的事 / 知乎编著 .
-- 北京：中国轻工业出版社，2018.7
ISBN 978-7-5184-1997-5

Ⅰ. ①大… Ⅱ. ①知… Ⅲ. ①大学生 - 学生生活
Ⅳ. ① G645.5

中国版本图书馆 CIP 数据核字 (2018) 第 130506 号

责任编辑：由　蕾　　策划编辑：梁　勇　　责任终审：李克力
封面设计：尚燕平　　版式设计：棱角视觉　　责任监印：张京华

出版发行：中国轻工业出版社（北京东长安街 6 号，邮编：100740）
印　　刷：艺堂印刷（天津）有限公司
经　　销：各地新华书店
版　　次：2018 年 7 月第 1 版第 1 次印刷
开　　本：880×1230　1/32　印张：8.5
字　　数：205 千字
书　　号：ISBN 978-7-5184-1997-5　定价：49.80 元
邮购电话：010-65241695
发行电话：010-85119835　传真：85113293
网　　址：http://www.chlip.com.cn
Email：club@chlip.com.cn
如发现图书残缺请直接与我社邮购联系调换
180536G1X101ZBW

目录 | CONTENTS

Chapter 3 考试通关！一般人不知道的学习技巧

Chapter 4 脱胎换骨，如何让大学生活不留遗憾？

Chapter 1

认清自己，没人能给你标准答案

在可预见的未来，人类都不可能参透生死和永恒，
但即便须臾，我还是想多知道一点，多看一点，
把世事里灰色区域的面积，尽量多挤压一点，
使之变得黑白分明，是非可见。

上大学
就一定轻松了吗？

凡羽

大学其实就像青春一样，怎么度过都是一种浪费，不管怎样，结束时你总会发现有很多遗憾，依旧有很多想要做却没有做的事。

有些人会说自己的大学生活酷毙了，有些人却在抱怨大学四年一无所获。

在不知不觉中，我的大学第一年就如从指缝间流失的沙子，成了过往。这一年，我尝试了很多，被打击过很多，也收获了很多。

每个人的大学生活都依赖于个人选择，并且活法千差万别，我不敢妄言哪种选择就一定是最好的，只是想提出一些不成熟的小建议，以供参考。

以下内容一部分是我亲身实践后领悟出的道理，真的能够使自己更完善；另外一部分虽说是听来的，还在摸索尝试中，但仍旧希望你能懂，因为我知道这对你提升自己有益无害。

一、暂时明确你读大学的目的

在高中阶段一定会有老师跟你们强调：过完了这段苦日子，上了大学后就会轻松很多，可以尽情玩耍了。

于是，一直以来叛逆的、对老师的话都不以为然的你，就选择性地将老师的这句话放在心中，认真践行了下去。

同时，你会在微博、贴吧上发现，很多人都说上大学没什么用，学不到什么东西，只不过是混满了四年，拿两张证书。

我可以很正经地告诉你，对于这些话，认真你就输了。高中老师只是为了在那段暗无天日的日子里带给你光明的曙光，抚慰你因备考而疲惫的心；大部分网友们只是以偏概全、随口乱说；等到你玩了四年把自己玩废了，你当然也会说上大学没用了。

高考不是结束，大学只是另一个新起点，是人与人拉开差距的地方，也是能使人脱胎换骨的地方。

一年前，我刚上大学，在所有科目的第一节课，老师都会让我们思考一个问题：为什么要上大学，上大学的目的是什么？

其实，这个问题没有一个标准答案，全都依赖你自己的思考，而且再过一两年，你的想法可能就和最初的截然不同。

你完全可以回答为了将来能找到一份好工作，或者想要通过上大学更接近自己的职业目标，或者单纯是为了提升自己，培养自己的核心竞争力。

但你必须要认真思考这个问题，暂时明确自己读大学的目的，随着时间的推移、眼界的开阔，你就可以在最初的基础上进行调整、改动。

有了最高等级的目标后，你的努力就有了方向，继而可以制订大学这段时间的阶段性计划，一步一步朝着目标奋进。

大学的可能性很多，如果早一点明确自己的目标，如果早一点进行规划，那么，你的大学绝对可以更精彩，而不是时时刻刻都处在迷茫状态。

二、认清自己

刚上大学那会儿，我总以为自己不属于这所学校，是不小心考差了才会来到这里。莫名地，我在心中会有一种优越感，觉得自己高同学一等。

幸好经过最初一个星期的调整，我及时认清了自己，幡然醒悟的同时也不禁流下冷汗。如果不是及时客观地认清自己，继续妄自尊大下去的话，恐怕我的大学生活就会毁了。

我的一个老师举过他舍友的例子。他舍友也是以为自己虎落平阳，只不过是因为运气不好才来到这所之前从未听说过的学校，继而对一切都看不顺眼。

他嫌弃同学、嫌弃老师、嫌弃校园环境，总之就是一副高高在上的样子，最后难以忍受理想与现实的落差，逃课成了家常便饭，天天沉迷游戏宅在宿舍，毕业后什么也不会，导致工作也没有找到。

一个调查数据显示，在大一新生中，有 70% 的同学觉得自己高考考差了，也就是说，绝大部分人都认为自己应该进入更好的大学。

太多人进入大学之后还在纠结高考的失利。对于高考失利，你当然可以谈论，可是，要明白的是，你已经无法翻过去的盘。

但你仍有机会让未来翻盘。

过去的无法更改，未来的你还想要将就吗？

用四年后的结果去证明自己值得更好的人生吧，虽然到那时你就会明白，你曾经的纠结确实毫无意义。

客观认识、认清自己，不妄自菲薄，也不妄自尊大。

三、停止抱怨

经过最初一段时间的探索，你对大学已经不再有新鲜感了，你的口中开始出现抱怨的词语，宿舍、饭堂、老师都成了你的抱怨对象，在朋友圈看见朋友发的大学照片，你会一边点赞一边瞧不起自家学校，同时羡慕着别人家的大学。

接着你会抱怨自己的专业，明明不喜欢却只能去读，甚至连考试考不好也归咎于自己不喜欢。直到入学一年后，依旧会有很多人抱怨自己的学校或专业不好。说句不客气的话，这些人就是傻子中的傻子。

你可以选择任何一所你觉得垃圾的学校，去看看那里的自习室和图书馆，里面总有不少埋头苦干的人。你身边的人都在努力，而你却在抱怨发牢骚，这不是傻子是什么？

也许你会觉得你的大学就是垃圾，但是你想一下，这毕竟是你考上的学校，你的过去决定了你的大学，这是你自己做出的选择，自己认了就好，然后想办法改进。

偶尔抱怨可以发泄情绪，但一直抱怨的人，哪怕给他换个环境，将他的学校换成“985”，他也跟努力上进沾不上边。

四、尊重自己与他人的时间

现在的大学生很懒散，这是真的，习惯性漠视时间观念。

上课迟到、开会迟到、聚会迟到，迟到的例子比比皆是。

如果你问我，大一哪件事情坚持了最久？我会告诉你，不是写作和阅读，而是从不迟到，无论上课、开会、聚会，永远都是我在等人齐，遇到有事，我就请假，从不浪费他人的时间。

我始终觉得一个尊重自己与他人时间的人，时间也会善待他。

大一时，管理学的课是从下午 2 点开始，教我们的王老师从来都是提前到教室等着我们上课。他说他很重视时间观念，所以习惯了要比约定时间早 10 分钟赶到约定地点。好多次，王老师出差，从外省搭乘好几小时的飞机回来，下机后就马不停蹄地赶往教室，依旧是提前到达，在教室的椅子上坐着休息一会儿就开始给我们上课。

我知道，他能取得远比同龄人优异的成绩，重视时间观念就是其中一个原因。

一个不尊重时间的人，会习惯性迟到，因为他永远不懂得时间是一个人的最大财富。

记住，没人有义务一直等着你，你的习惯性迟到是在不断消磨别人的耐心，是在践踏别人的财富。

五、养成良好的作息规律

首先，颓废的生活习惯和状态很容易将一个人的斗志和意志力磨灭；其次，不规律的作息很容易催生身体疾病。

现在的大学生早已成了“夜猫子”群体，熬夜更是家常便饭，有事没事都熬夜，12 点睡觉那叫正常作息，深夜一两点睡才能算作熬夜。

熬夜成了一种惯性，一种瘾。

年轻时，你觉得熬夜没有太大的关系，睡饱之后，第二天依旧生龙活虎，但这只是表象，你的身体早已一点一点累积伤害值，只等在未来的某一刻，最终爆发出来。

现在的熬夜是在透支你未来的健康，要知道，这世上没有任何东西，比身体还重要。其实熬夜的危害和身体的重要性，人尽皆知。但听过许多道理，熬夜还在继续。因为我们都缺乏自律，当大部分人都在熬夜时，那一撮自律的人就显得凤毛麟角。

的确，自律是一种优秀的品质，自律的人往往更容易驾驭生活，更容易在处于相同水平线的人中取得更出色的成绩。只有自律的人，才会更重视自己的身体健康，更重视做事的效率问题。自律，这是所有大学生都应该养成的习惯。

六、如何寻找自己感兴趣的领域

如果你读的是自己喜欢的专业，那么恭喜，你没有借口逃课和挂科。

如果你读的是自己讨厌的专业，那么你有两条路。

1. 想办法转专业。首先搞清楚自己学校转专业的条件，有些学校是不允许转，有些学校是对成绩名次有要求，所以要努力让自己在第一学年的本专业排名中名列前茅，最好能够获得奖学金。即使最后转不了，对你也有益无害。

2. 在本专业继续学下去，另外寻找自己感兴趣的领域，可以考虑双学位和双专业。

可是，很多人都不知道自己到底喜欢什么，如何去寻找呢？

1. 询问其他专业的同学，弄清楚这个专业的具体课程与所学内容，以及以后能从事的行业。

2. 从证书入手，了解有哪些重要的职业证书和感兴趣的证书，看到合适的就去了解证书背后的专业。

3. 利用网络资源，找到各名校不同专业的网络公开课，看看有没有感兴趣的。

总之，多去尝试，一定要找到自己的能力和兴趣所在，你的兴趣决定了你以后做什么事情会开心。

七、多与优秀的人交往

你的圈子决定了你的眼界，跟优秀的人待在一起，志趣相投，就会一起变得更加优秀。

上文有提到，优秀的人身上有一种常人所没有的品质，叫自律。

一个人总会有坚持不住的时候，人对自己会有太多宽容的借口。多与优秀的人交往，因为优秀是会传染的。你看到人家那么努力，并不时给你鼓励，你好意思放弃吗？

你在光明中待久了，自然而然就不想再回到混沌的黑暗之中了。

道理听了这么多，不去做，就没什么用。在大学阶段行动力很重要，就像林夏萨摩在《20几岁，你为什么害怕来不及》所祝愿的：“希望四年后的你，可以为自己的大学生涯画一个专属的符号，至于这个符号是问号、句号还是感叹号，就要看你自己了。”

努力学习
究竟有什么意义？

吕不同

2014年，没上过一天学的外公，在被肺心病折磨了八年后，自己在医院里拔掉鼻管，不理在床边跪成一排的三个舅舅的哀求，强行要求出院。

救护车把他送回家后，他坐在自己亲手做的那张帆布椅上，平静地交代完后事，把我叫到身旁，说："不同，这个肺心病到底是什么病啊？好几年了，也没搞明白。"

我摸出手机搜了一下肺心病，告诉他这病的全名叫什么，有哪些症状。我每说一个症状，他就嘿嘿笑着说："对对对，一点都没错。"

我念完后，他又问："那这病最后把人'弄死'是因为什么？"

我闻言鼻子一酸，不忍再念。

外公看着我说："孩子，念啊，这有什么关系。"

我犹豫了一会儿，说："多器官衰竭。"

外公闻言点了点头，喃喃说了句：“听起来好像很厉害。”

沉默了一会儿，他眯着眼睛看了看对门门框上贴的春联，对我说：“你们年轻人现在还写对联吗？”

我点点头：“也有人写。”

外公扭头看我一眼，伸手叫我把他扶起来，然后叫外婆拿来眼镜和纸笔。一屋子人见状围了上来，还有人连忙搬来一张小桌子。

外公没有理会他们，戴上眼镜弓着背，把本子放在自己的膝盖上，颤抖着手，一笔一画写了一副对联：

阴阳两隔哀思能抵

人间疾苦天府可消

我看了后说：“外公，这好像是……葬礼上才会用的。”

外公取掉眼镜说：“对啊，这就是我给自己写的挽联。”

等到一屋子人传阅这副对联时，外公又对我说：“你看这个‘消’字是用三点水的‘消’好还是用金字旁的‘销’好？”

我还没说话，他突然兴奋起来，叫外婆帮他把那本已经翻烂的《新华字典》拿来。

拿到字典后，他先是用力地咳嗽了一下，吐出一口痰，然后扶了扶眼镜，右手食指在舌头上沾了点口水，一页一页地翻开字典，那副郑重的样子像一个第一次查字典的小学生。

他查了10分钟。查到结果后他把纸拿回去，在“消”字上打了个叉，在旁边写了个“销”字。写完后，他端详了一会儿，然后说：“嗯，这就对了。”

半小时后，他坐不住了，躺到了床上。

1 小时后，他喝了一小碗粥。

2 小时后，他开始胡言乱语。

4 小时后，说了几个简单的音节后，他的嘴轻轻合上，脑袋微歪，安详离世。享年 81 岁。

我其实不知道努力学习的意义是什么。

只是那天我看着行将就木的外公坐在昏暗的光线下，弓着背，眯着眼，像完成一个仪式一样，虔诚地去搞清楚两个汉字之间的区别时，我忘记了悲伤，忘记了去想如何在他人生最后的时间里取悦他、安抚他。我只觉得全身的毛孔豁然张开，心里暖流涌动。

那一刻我没觉得他是我的亲人、我的长辈，我只庆幸自己能看到一个面对死亡毫无畏惧、毫无恐慌，在人生的终点还充满求知欲的生命。

我也不知道自己算不算是努力学习，但至少此时此刻，我还对未知的一切有着充足的兴趣，对那些不顾一切去探寻未知的人充满敬意和向往。

在可预见的未来，人类都不可能参透生死和永恒，但即便须臾，我还是想多知道一点，多看一点，把世事里灰色区域的面积，尽量多挤压一点，使之变得黑白分明，是非可见。

如果死亡是一面镜子，那我希望有朝一日，在面对镜子里的自己时，我也能够像外公一样，不羞不愧，不怨不恼。如此才真算对得起过去自己做出的每一个选择，说过的每一句话，爱过的每一个人。

对自己的大学感到失望怎么办？

陈然

对于自己的大学，我倒是挺满意的。基本的原因有三。

1. 每个人都要对自己的行为负责，对自己的未来负责，真好！

2. 周围有很多不懂得抓住机会而不断抱怨的同学，给我腾出了很多机会，真好！

3. 周围也有很多懂得抓住机会而不断成长的同学，一起奋斗，真好！

我上了大学之后就特别喜欢大学的氛围。

那些在高中没有养成好的学习方法和正确的处事态度的人一下子就堕落了，这样留给我好多机会，让我可以尽情地去争取。

他们会抱怨学校的老师不好，只知道念幻灯片。但我一点也不在乎，因为知识的学习主要靠自己。老师念幻灯片时，我会跟着听，跟着想，有问题跟老师讨论，老师解决不了的问题我就去向学长请教。我从来不在乎老师是不是自己喜欢的，因为我是来学知识的，不是来找老师玩的。

他们会抱怨奖学金评比不公平，却做不到无视其实只是浮云的奖学金。他们是如此矛盾。一方面表面上看不起，自己也不努力，另一方面却无比在意这种事情。

他们会抱怨学生会黑暗，却做不到心中有数、了解真相。社会就是这样，你做不做都是这样。要么你就心中有数，积极参与；要么你就远离这些，做个出世的人。

而那些有明确目标的人，一下子就冒尖了。能够与他们一起合作奋斗，让我非常高兴。

在他们眼里，到处都是机会，到处都需要努力。我们一起谈项目，一起做项目，一起聊融资，一起构建我们的人生理想。最好的一点是，没有任何利益的纠缠。

你会成为你想成为的人，只要你想。

如何克服没有考上名牌大学的心理落差？

胡越

我的本科大学其实不怎么好，高中时觉得除了清华、北大之外没别的学校，结果……唉！

高中舍友里，两个考入清华、一个考入北大、一个考入浙大，你说我绝望不？

我当时绝望了很久，觉得没希望了，想复读，但是没有勇气，家里也不让。大二的时候，我连自杀的念头都有了，觉得在这个学校，读了个冷门专业，周围还都是一群不读书的同学，整个人都快废了。

但是我想告诉你的是，这些所有的不如意都会过去。

真的，我原来不相信，直到看了一个标题为“说一说你最低谷的时候是怎么熬过来的”帖子。我发现比起里面的回答者，我的不如意真的不算什么，那些退学、自杀的想法真的太天真了！

所以，好好努力吧！

有些人会纠结于名校和普通学校的区别。这两者的区别，其实不是老师，也不是硬件，这些都不是最重要的，最大的区别就是名校的学生比你努力。我见过很多聪明的学生，我的母校一年有 90 个人考上清华、北大，其中当然有硬件资源的优势，但是这些学生都有一个很大的共同点，那就是用功、勤奋。

人生真的是一场漫长的积累，不会因为你一时的不顺影响你最后的高度。

当然，我并不是说普通学校的学生都不努力。在哪儿都有努力向上的人，这只是比例问题，名校中努力之人的比例确实要高一些，其中的差距我们也得承认。

名校还有一点胜过普通学校的优势就是人文。如果学校的氛围很差，怎么让人努力？其实我也遇到过这样的问题，让我抑郁了很久，也去看过心理医生。

有时我们无力改变客观环境，不妨先从自身做起，远离那些可能诱惑你使你堕落的地方。我当时就是长时间泡在图书馆里。此外，还可以选择和优秀的同学交流，可以是本校的朋友，也可以是高中的同学，还可以是网络论坛社区中的网友。物以类聚，人以群分。你坚持自己，身边自然也会渐渐聚集一些志同道合的朋友。

我的心理医生对我说的一句话挺有道理的：

“你和别人的差距不是一下拉开的，是每天一点点，所以每天多努力一点，不要太浮躁，想熬几个通宵赶上别人，不现实，也会让你感到挫败。”

大学教会你的最重要的事是什么？

钟晚

大一的时候我摆过地摊，上门推销过，干过苦力，我最大的感受就是劳动力真的很廉价，不要急着把时间用在将劳动力变现上，那是一个很愚蠢的做法。

大一的时候我还是一张白纸，什么都不太懂。刚入学那会儿我觉得学生会很厉害，后来觉得实验室里的人、社会上创业的人也很厉害，再后来就是觉得大家都是普通人，内心却多了一份敬畏。参加学生会可能是我大学里最后悔的一件事情。在学生会的那两年，我几乎没有学到什么东西。其实是否参加学生会，还是得看个人性格，像我这种比较内向的当然需要更多的时间去充实自己，外向的人可能待在学生会里会更有成就感。所以，不要盲目羡慕别人，适合自己的才是最好的。

大一的时候因为学校不是很好，我特别不甘。除了在宿舍睡觉，其他时间我都待在图书馆和自习室里，每天做高数题做到深夜2点。我当时的成绩达了专业顶尖水平，但是效率却很低。然后我看到了这样一句话："这些年我一直提醒自己一件事，千万不要自己感动自己。大多人看似努力，不过是愚蠢导致的。什么熬夜看书到天亮，连续几天只睡几小时，多久没放假了，如果这些东西也值得夸耀，那么富士康流水线上任何一个人都比你努力多了。人难免天生有自怜的情绪，唯有时刻保持清醒，才能看清真正的价值在哪里。"

我意识到我更多时候是在自我感动，所以后来我将胡居仁的这句话当作格言：

苟有恒，何必三更眠五更起；最无益，莫过一日曝十日寒。

但是每天泡图书馆也是有好处，在大一的时候，我安安静静地读了很多书。这可能是我大学最沉下心来的一段日子。因为我们学校在一个十分偏僻的地方，基本上是与世隔绝了，给我的感觉就像是在深山老林中修炼一样，每天忘记很多烦恼，没有市侩，没有迷茫。记得图书馆里当时有一排全是毛泽东主席的书，让我爱不释手，上课的时候时常还在想一些内容。也是在那段时间，硅谷文化深深地影响了我。我觉得自己可以有些改变，不再像以前那样无知。那是我大学里最充实的一段日子，并且借此我塑造了自己的世界观和价值观。我也终于明白了，每个人的出身不同，背景不同，在看一个人的成就之前，需要先看看他的起点有多高。

当然，初入大学的时候你对一切都很好奇，这时就会有很多的学长来充当你的大学"导师"，你会觉得学生会的会长、实验室的学长都好厉害。等到之后的三年里接触到各个领域的人后，你才会明白自己当时的认知是多么狭隘。那些你以为比自己厉害很多的人，在谈到他不熟悉的领域时，说的大多是错的。所以，你要学会保持独立思考，保持学者的沉默与谦恭。

这时就不得不提一下乔布斯、马斯克和扎克伯格等硅谷大佬了。很大程度上他们刷新了我的三观。在看《硅谷》这部美剧的时候，有时我真是哭笑不得。这部美剧教会了我保持反叛、保持酷、永远不要迷信权威。这种观念在《编程之美》一书中也有出现：

> 我详细询问了她从中学到大学、研究生的情况，她在学校里没有一科的成绩是非常拔尖的，也没有太坏的成绩。她从来没有做过出格的事情，如逃课、自己写一些程序、打工等。我在她身上看不到对卓越的追求，也没有看到她有实现自身价值的想法……所以我认为本公司不应该聘用她。

企业招人都是如此，更何况其他情况了。

在大学里，除了明白读书能开阔眼界，还应该做的一件事就是不断认识比自己酷的人。大二的时候，我会有规划地每周去认识一些我不熟悉领域的很酷的人，由此我的观念受到了冲击，也让自己变得更加豁达。当你在自己的圈子到达顶端时，不妨试着跳出你现在的圈子，去认识更有意思、更酷的人。

事实上我很幸运。在大二的时候，我认识了几个学长，我们一起在科技园创业。他们都很有想法，很努力。在那段日子里，我收获了很多。我觉得创业这种经历会让大学生活更有意思，因为机会总是来源于细节，来源于别人不太关注或者别人关注却缺乏执行力的时候。

因为喜欢交朋友，不可避免地，我也会遇到靠谱的和不靠谱的人。遇到的不靠谱的人多了，我的判别能力也变得越来越高。在这个过程中，只有自己知道哪些是走过的坑，心里的滋味也确实不好受。

实际上，当你进入一个新的社会属性的团体时，找一个靠谱的前辈指引是相当重要的事情，这会让你的路走得更顺畅、更符合你的预期。

境界很重要，圈子很重要，能力更重要。执行力的重要性每个人心里都清楚。电影《社交网络》里，扎克伯格就最终胜在了执行力上。大学期间我听过无数人的抱怨，大多都可以归结为执行力不强。但是执行力强的人在大学结束的时候都对自己的大学生活比较满意。关于执行力的培养，大学里你可以做的一些事如下。

1. 每天锻炼，保持健康的身体，早睡早起。

2. 可以去 Cousera、MOOC 等网站学习世界名校的课程。

3. 有机会的话不要老是窝在学校，多出去走走，体验一下外面的世界。

因为我本身是计算机相关专业，所以建议计算机专业的人可以把更多的时间花在 Github（代码库）和博客上，这对你以后的技术发展、职业发展都有很大的好处。

同时，英语真的很重要！

在大学里还应该学会的一点就是保持感恩。比如刚入学时你很迷茫，有人帮助过你，那你要记得感恩对方，毕竟别人没有那个义务帮助你。我很深刻地记得大学的一个暑假里，我的爷爷出车祸了，我 24 小时不间断地照顾了他一个月，包括帮助他大小便。我很感恩自己有这个机会照顾他。因为在我初中生病的时候，我的爷爷也是这么照顾我的，而且一直让我保持乐观。我觉得这就像乌鸦反哺。亲人的爱总是很温暖，哪怕大学在外地，你也应该常回家看看，多陪陪家人。

事实上，每个人总有不顺的时候，总会碰到各种逆境，会感到失落，开始否定自己。但是我们需要一些阿 Q 精神，停止抱怨，乐观一些，去面对一些事情。

大学教会我的最重要的事，大概就是做些自己喜欢的事吧。

有哪些是读书学不来却很重要的素质？

肥肥猫

书上找不到，也很少有人讨论的个人素质，我认为有以下三种。

一、期望值管理能力

影视剧中往往有这样的桥段：一个地痞或者土匪，平日无恶不作，到了最后一集，突然去抗日了，例如《大宅门》里的三爷。

这时候观众对他的好感度就会猛然爆棚，甚至超过许多没有爆点的正面角色，前几十集的劣迹简直一笔勾销。

这就是期望值在前期被编剧压低之后的福利。

先记住下面这个公式。

Happiness=Reality-Expectations

（快乐 = 现实 - 期望）

我们刚进入一个团队时，如果一开始就大招尽出，会导致周围人和领导对你的期望值不断升高。最后总会有一次你满足不了对方的要求，这时候对你的负面评价也会随之而起，评价甚至会低过一直表现平平的同仁。有人将其总结为“不胜任陷阱”，因为在一个上升通道中，只要达到了上层的期望，就会被继续提拔，直到提拔到一个你不能胜任的岗位，让所有人失望，这个升迁过程才会结束。

这就需要我们对别人的期望值进行有效管理。比较常见的手段是憋大招，一些在对方期待之外的东西，不到关键时刻不随便拿出来用。但周围人也不是傻瓜，次数多了，别人都会倾向于相信你藏着一手，例如学生时代那些永远叫嚷着这次考砸了的第一名们，信誉早已破产，其他人对他的期望值仍然在持续上升，这时候他们承受的压力可想而知。要真正做到有效控制周围人对你的期望值，需要做到无迹可寻，并在所有非必要的时刻压抑自己的表现欲与虚荣心。我认为这是进入职场的第一课。

二、阈值自控意识

阈值又叫临界值，指释放一个行为反应所需要的最小刺激强度。

大概六七年前，我在网上发过一篇文章，可能很多人都看过了，这里引用其中一段。

“成人片害了无数正常的男青年。没有成人片的岁月里，男孩子邪念充盈满脑。可是在这个网络色情泛滥的当今，他们居然对生活中的女人没了想法，这不能不成为信息时代人类异化的经典案例。何以至此？阈值使然。也就是不断的持续刺激，抬高了男人们欲望的触发点。20世纪初，女人坐下时旗袍中偶可一瞥的白花花大腿就可以触发老夫子们的欲念；可是100年后，看着满屏的器官进出，很多人居然会叹上一句：没意思。这就是时代的变迁，使得阈值不断上升的最好例证。”

举个极端的例子，释迦牟尼本是个迦毗罗卫国的王子，很早就过着锦衣玉食的生活。其父为其修筑了春、夏、冬三幢宫殿。但他活得很厌世。其父为其选来印度最妖艳美丽的女子取悦他。但是美酒美女对他的边际效用已经小到可以忽略，食欲肉欲无法使他获得更高的满足。最后，他离开世俗创立佛教去了。他一出生就享受物质的极大满足，导致他的阈值高到普通人难以想象的程度，最后凡是物质都无法使他快活。中国的例子是贾宝玉，从小活在女人堆里，最后也做和尚去了。反而自小出家的人却未必能忘俗，所以施耐庵会有“和尚最淫”一说。盖因自幼出家的人，从未享受过世俗的快感，所以阈值很低，一点就着；能大彻大悟的慧根人士，往往反而是富家子弟，也就不奇怪了。

女人亦然。泛滥的韩剧将正常的女生活生生逼成大龄剩女，归根到底也是阈值作怪。本来少女看见年轻男子怀春，是老天爷安排的正常心理活动。现在这个自然的程序被突然打断，横插若干部韩剧，部部都是男一号多金英俊完美，还有若干男二号、男三号争抢。电视机前的女人们于是看傻了，爱情阈值被活生生地抬到天上，身边的男人自然再也看不上。

当你深刻理解了阈值对个人幸福与快乐的影响后，你就知道这个概念不仅能用在性和爱情上，更可以推广到人生幸福的方方面面。

了解边际效用递减的规律，并学会一定程度的禁欲和自控，是防止阈值升高的不二法门，这绝对是需要在人生早期就着力培养和锻炼的素质与意识，尤其对男性而言。

顺便提下。频繁观看色情片造成的过度刺激，会抑制大脑内对性刺激做出神经反应的奖赏机制，与药物成瘾相似，这种神经抑制会促使强迫的色情成瘾行为，并对正常的性意愿和性欲造成影响。可惜，对于有些人，这些话说得可能有点晚了……

三、应对主观时空扭曲的能力

这个概念有点玄。

这里说的时空扭曲，指的是主观上感觉时间的流逝随着年龄开始加速，而且一发不可收拾。相信大部分人都有这样的感觉，时间过得越来越快快了。小学时是一个月一个月地过，大学时是一学期一学期地过，工作后就变成了一年一年地过，越往上过得越快，问问你的父母，他们会告诉你十年一眨眼就没了，他们讨论着十几年二十年前的陈年旧事，似乎那就发生在昨天。

我很早就开始研究抗衡这种时空扭曲的方法。

我在网上找了一些解释，有一个说法比较有趣。

“5 岁的时候人的记忆有 5 年，这时候过 1 年，到 6 岁时，记忆增加了 1/5。6 岁到 7 岁，记忆增加了 1/6。7 岁到 8 岁，记忆就只增加了 1/7。以此类推，到了 20 岁的时候，多过 1 年，记忆便只增加 1/20。这 1 年的时光虽然没变，但是参照物变了。所以大家就感觉时间过得快了。可能等你60岁的时候，过1年记忆只增加1/60，那时时间就过得更快了。”

这个说法有一定的道理，如果你仔细回忆一下，会发现童年的课间10分钟休息足够你从楼上跑下去玩点什么；但现在你坐在公司电脑前，才喝了杯热饮，把东西摊开准备干活，啥都没干呢，1小时就没了。小时候2个月的暑假特别漫长，现在的1个月不就是4个星期，一眨眼就没了。

如果用记忆增量理论来解释，那就说明我们成年后的工作和生活都是在简单重复，所以大脑中的“总数据”并没有像儿时那样处在迅猛增长的阶段，大脑处理今天的24小时，只需要动用几年前就已经存好的索引，驾轻就熟，总信息量几乎没有增加，你主观上感受到的“新东西”当然就少，而体验“新东西”恰恰是放慢主观时间的命门。

套用知乎上“舒适区”的说法，要解决时空扭曲的问题，我们必须走出熟悉的区域，熟悉的区域是时空黑洞，会不断加速消耗，吞噬你的时间。如果你走出办公室，去陌生的国度待1个月，你就会发现这1个月并没有像待在办公室里那样，星期三过完就差不多可以指望星期天了，而是觉得比待在办公室里两个星期都要充实，这便是对抗时空扭曲的一个例子。并不是只有旅游才能有这样的效果，你如果多在自己身上试验，就能找到很多适用于你个人的手段，但前提是你要有“摆脱熟悉区”的意识。

这是我认为人的一生所需要掌握的最重要的能力之一，掌握了对抗主观时空扭曲的本领，就能延长主观生命。

如何正视
比自己优秀太多的同龄人？

INNA

上大学时，班里 70% 的女生都比我好看。军训时，我吃惊地看着这么多素颜美人。而我站在队伍前面，平胸，脸上有痘痘。更倒霉的是，刚开学我就不小心崴了脚，那些漂亮又苗条的同学们，却不嫌弃我笨拙，早早便骑了自行车轮流带我。

我们系成绩最好的女生，睡在我的下铺，她不仅成绩好，还乐于助人，所有同学都喜欢她。她眼睛大大的，很好看，个子有一米六八，腿又直又长。她好像从来都不会累，一节课都不会落下，我却总找借口出去玩，又总惦记着打游戏。她便常常帮我整理一份份材料，怕我考不过。

去杂志社实习时，我认识了一个小哥哥，才大我 3 岁，就已经把一个省的代理都跑遍了。他总是照顾我，让我负责版面，其实我知道，我写得不如很多人。但他宽容又会鼓励人，硬是带着我做完了四期杂志。

学长Z，他的情商特别高，我却总是紧张不自信。我要想很久、不知怎么提问的问题，他笑笑就立刻帮我解答了。我们一起演话剧，他鼓励我让我演主角，我花了一整晚背台词，最终还是没敢演女主角，让给了苗条又温柔的学姐。

Z才华横溢，脾气又温润，照顾每个人的感受。我跟他借参考书，他知道我压力大，知道我心情不好，会拉上我和哥们儿去打篮球纾压。我心里感激他，也讲不出来。他很喜欢宝宝熊的面，我一吃面就会胖，可是每次晚上9点他叫我，我还是会忍不住去陪他。我其实不饿，但是只要他说："你吃啊。"我就会在"哦"一声后强塞下去。就这样，我长胖了20斤。

他恋爱前，我充当他的恋爱咨询，后来隔壁班的漂亮女孩经常在宿舍楼下小鸟依人地挽着他的手，被他带着去打水。再后来他们分手了，他失恋时很难过，我陪他从学校走到郊外，再走回来，走了4小时还是2小时，记不清了。我听他说他的喜怒哀乐，却不知道怎么安慰他，但是因为听到了他的心里话，我便觉得那已经很好了。

有一次难得的机会，社团组织在湖边露营。火光燃起来，大伙儿要手拉手跳舞，他拉着我冷冰冰的手，对我笑了笑。那一刻，我紧张得说不出话。然后他到旁边接了一个电话，周围嘈杂，他对我也不防备，开了免提，我听到电话那头，女生声音又软又糯，让人好生怜爱。那个女孩说胃疼，他脸上显出焦虑的神色来，让我帮他打个招呼，便匆匆忙忙赶回去了。

大家还在跳舞，我却开心不起来。我感觉自己真扫兴，一个人呆呆地坐在湖边的石头上，看着月亮。

后来有其他勇敢的小师妹追他，知道我们关系好，找我倾诉，问我："你喜欢他吗？"我说："不会啊……"她便放下心，问毕业了怎么办，我说：“好像有一个桥段，跟心爱的人要第二颗扣子，这样对方就一直记住你。”她便去要了。他后来和我说：“这孩子还挺好玩的，这么言情的桥段倒是真的挺浪漫。”我说：“是啊……”

Z 毕业时，我站在四楼宿舍窗口，看着一群人送他，小师妹蹦蹦跳跳挽着他的手。他朝我所在的窗口转过来时，其实我知道他看的不是我，但我还是慌张地躲到了窗帘后面。

读研究生时，跨校转系，我本来很开心，却发现高中同学是专业课满分进的学校。他问我考得怎么样，我没好意思开口说自己刚刚达到分数线。等到真正开始读研究生了，我才发现身边的人拿了不少红点设计大奖，而我却连马克笔都不会用。

那时我开始开窍，不再有之前暗恋的感觉了，暗恋只是怯懦，但不心痛。我很仰慕一个男生，情不自禁地被对方的谈吐吸引。他特别有自信，也很会找话题帮我解围，他不仅聪明，做事还特别坚持。我有次随便一搜，就发现了几百篇他写的影评。从那以后，我就没再和他说过自己有写乱七八糟的东西。

这样短暂异地恋了一段时间，我每天都觉得恍恍惚惚不真实，最终还是吓得逃走了。有次看到他给我写了一首歌词，我很开心，却又觉得，真的像歌词所说的那样，他的朋友们都觉得我很不好，粘人又不独立。我知道，歌词大意不在那几句，可又忍不住敏感。我看到他空间照片里的女孩光彩照人，他笑得那么开心，我也不敢以恋人名义要求他删掉。我想，我只是他遇到的一个很普通的人而已。我很想很想去他的学校，能够偶尔看看他的笑容就会觉得活着很有勇气，但我没考上。

有次打电话，他忽然问我，几年后一起去美国好吗？我心里想的是，他大概是怜悯我吧，可我能不能顺利读完博士都不知道。我也不知道说什么。他后来来日本，给我打电话，我想他只是路过看看我，就又笨拙地把他推开了，因为我觉得他值得更好的人爱。

有一次，我看到他在某个食品网站写点评，提到一个地方，当时他在那里帮我改了一篇论文。因为那个地方的 Wi-Fi 不好用，他当着我的面帮我解决了，所以我当时特别感激。

可他在点评里提及我时，只是说“和一个同学”。我心里难过了很长时间，一个人哭了很久。我喜欢他那么久，他也真切地和我说是异地恋，可我连一个前任的身份都没有。后来回头想想，他很多时候对我好，不过是我自欺欺人而已，有的人就是习惯性对别人好，我也不是独一个。毕竟他从头到尾都没有主动说过喜欢我。

毕竟他那么闪闪发光，我却那么平凡，他不喜欢我也很正常。

读博时，我遇到的第一个学姐，是生物学的博士，在校外承办过模特培训活动，还接着电视台的活儿。她打篮球很厉害，皮肤又白又细，社交也很好，不像我，总处处在意细节。有次我觉得她好像骗了我，其实也没太大事，但我伤心得无以复加。她后来主动找过我几次，问我要不要一起做点事情，我想了想，还是停留在之前的鸡毛蒜皮里走不出来，于是拒绝了她。

当时我有个本系学妹，一边在日本某企业做设计师，一边完成了信息架构课题。人家一年做完我三年的课题，导师知道后就批评我效率低，我感到无地自容，却也没什么可辩解的。

不过慢慢地，我也有了自己的圈子。有一次，我的母校因为开会举办了聚餐活动，很多优秀的校友都到场了，一个学长把我带了进去。听别人说他很厉害，我便回去搜了他的论文，发现原来在我这么大时，他已经发表了十篇知名课题。他现在不过大我几岁，就已经光环闪闪了。

后来找了工作，我的压力更加沉重了，同事都是常青藤名校的博士，情商巨高，还谦虚得不行。我刚开始实习那会儿，两眼一抹黑，因为别人早已坐上了区域管理的位置，而我还是一个小实习生。但是他们都很照顾我，培训时特意让我上去汇报小组成果。我真的很怂，最后还是拉了两个人才好意思去讲。

我长期都被同龄人的智商情商碾压着，同龄人始终比我优秀好多，和他们在一起，说压力不大，是假的。

到今天，我都没办法完全正视比我优秀的同龄人，因为差距太大了。他们聊的，我不懂；他们的关系，我有时也插不上话。我也不想一直被别人带着走，有时真的觉得自己能聪明一点就好了。

我做的好多小事，从来不敢对他们开口讲，因为真的拿不出手，自己都觉得丢人。有时觉得自己像只乌龟，怎么爬都爬不到别人的一半。我甚至不敢去询问我的朋友，因为怕打扰他们，他们太优秀了，他们该做很多很厉害的事，而不是帮这样卑微的我做这些小事。

我便苦苦撑着，压力大了，就去跑步。

当深深的孤单感袭来时，我会忍不住谴责自己："我怎么就不喜欢搞学术呢？""我怎么财务就算得没有那么快呢？""我做软件怎么就操作不熟练呢？"

有时跑完步，写个日记，练练字，打打游戏，大哭一场，也就睡去了。其实我也不想哭，我也不知道自己怎么那么爱哭。常常，我捂着被子一边抽泣，一边觉得自己好笑。

也不知道怎么就不像别人那么多正能量，大家对我都挺好的，好到已经超出了我的预料。但我总是没办法做到释然，真的好想自己强大啊，强大到能回报大家，起码不要拖累别人。

每次被比我厉害的人说，被觉得我太好强的朋友误解，我心里其实都会难过，但我不能让别人觉得我玻璃心，我怕别人认为我在索要情绪价值，我就笑着，渐渐也学会了回击、解释或者说说笑话调节气氛，可有时也分不清轻重，不明白为什么别人那么会化解危机，那么幽默又恰到好处，而我讲的笑话却无法让别人开心……所以后来，我也就不讲了。

别人解压都是练出肌肉，我跑步这么久，还是肥嘟嘟的，不过我还在继续加油，我要假装自己是阿甘才行。

其实，我连游戏也打不好，超级玛丽打了这么多年也没通关一半，我一直在心里假装自己是蘑菇。我还特别喜欢打低龄小游戏，比如QQ 龙珠和打鱼。我还很喜欢在《龙之谷》里的家园钓鱼，凌晨醒来睡不着时，又不想穿衣服去跑步，我特别无聊，就买了好多鱼饵玩这个游戏。我能在游戏里看着鱼竿，发呆钓半小时，然后接着睡觉。

我经常告诉自己，我唯一能做的，就是和自己比，一天爬一点点，承认自己是乌龟也挺好的。在一个没人认识我的地方，我会写下很多话，也会收到很多像我一样不够自信的孩子的心里话。我有时也不知道说什么，写着鸡汤，发着小表情，觉得自己挺无聊的，但还是很感激大家的信任，起码让我不那么孤单了。夜跑时看看自己的影子，想想起码我鼓励到对方了，虽然不知道有没有用，但可能就像我以前一样，能坚持多一些，希望就多一些。

然后再抬头看看清冷的月亮，继续假装自己充满力量，假装自己是自己的英雄，假装自己明天、后天可能哪天就会到达目的地一样，假装他们就像一个个灯塔，在前方，让我看到希望。

Chapter

2

上了大学，学习似乎不重要了？

学生的工作就是学习，你可以质疑大学的课程没有用，
但在质疑的同时，你首先应该去努力完成它，
不要让质疑成为自己不努力的借口。

说成绩不重要的，成绩大概都不好

许晓风

很多人在进入大学之后，经常会听到这样一个言论，那就是大学时的成绩不重要，用人单位在招聘时也根本不看你的成绩。

事实真的如此吗？

我认为那些所谓不在乎学历、不在乎成绩的公司，仅仅是因为他们无法吸引成绩好、能力好的学生，比如我曾经待过的一个公司。

从学校学生的流向就可以看出来：成绩好的继续读书或出国；成绩好、能力好的去了世界 500 强（但是千万不要以为世界 500 强就一定比其他公司好，出国也不一定就比留在国内好）；剩余人才会在其他公司里面寻找工作机会。

那么，这些公司怎么招人？

招那些成绩好的人？不是自讨苦吃吗，都是 500 强挑剩下的；

偶尔捡漏了，人家要求的高薪水、高回报，自己公司也出不起啊。所以，只能号称公司最看重的是能力，其实，那是不得已而为之。换句话说，一旦这个公司的能力、规模或应聘品牌知名度达到了一定程度，在招聘应届生时，肯定是招成绩好、能力强、情商高的学生。

再说说那些觉得成绩不重要的人，我敢断言，他们中99.999%的人成绩不够好。

“应聘的时候，用人单位很在乎应届毕业生的大学成绩吗？”

当你问出这个问题的时候，你应该做的，其实是思考一下自己要不要好好学习，要不要考个好成绩，好找份理想的工作。

如果答案是肯定的，那么，首先问问你自己，你想去什么样的公司，有什么样的职业规划？然后，参考以上答案中的不同用人单位，选择相应的努力方向。

这样，不管面试时用人单位是否会询问你的成绩，你都已经做好了充足的回答准备。

要不要学双学位，对找工作真的有帮助吗？

罗小居

“大学本科的双学位有说服力吗？要不要去学双学位？如何看待双学位？”

这是很多大学生在初进大学时都会产生的疑问。

本人，双学位，在某排名四五十的学校里念广告学，并在某 TOP 10 学校修双学位，念市场营销。客观地说，双学位的学历，没有在我找工作时带来什么明显的“优势”，但是身边因为双学位而在学业、工作上获益的同学不在少数。

最重要的是，双学位于我，绝不是一张学历证书，就像大学于我不是一张文凭一样。

在确定是否要学双学位之前，你首先需要明白以下几方面。

一、我们在讨论“双学位”的时候，到底在讨论什么？

其实现在把双学位是否有用拿出来讨论，在我看来是个伪命题。因为“双学位”是一个没有标准的“学位”。国家没有规定达到什么样的条件、什么样的师资、什么样的办学实力才能开设“双学位”。

所以，北京大学的双学位和北大青鸟的双学位，哪个更能学到知识，哪个对找工作更有帮助？也许是北大青鸟也说不定。直白一点，你最后拿到的双学位的学位证书，和本科就是那个专业的人拿到的学位证书是一样的吗？

二、双学位对找工作的作用

找工作，最关键的是你自己的能力。这个道理大家都懂。在这个层面上讨论，和讨论一本是否比大专更有用是一样的。

学位学历的作用，和你所从事的行业关系很大。

另外，据我所知，在很多地方，双学位和硕士的起薪待遇是一样的。

三、我如何看待双学位

首先，双学位丰富了我的生活，开阔了我的眼界，让我认识了更多人。

在我的双学位学习过程中，我认识了各个学校、各种专业的人，我认识了好几个珠宝鉴定专业的哥们儿，认识了不少动物医学专业的姐们儿。各种有趣，各种好玩。而且，双学位和你修一样专业的人，基本是和你兴趣点、对人生规划所持观点十分相近的。修相同双学位的很多人最终都成了朋友，从而扩大了自己的交际圈。

其次，修双学位让我学会了如何在忙碌中生活得更欢乐。

因为你必须面对的是没有周末，多看很多书，多考很多试，所以要学会时间管理，学会坚持与抵挡诱惑，学会享受辛苦、享受寂寞，以及耐得住浮躁。

四、关于双学位是不是骗钱的问题

我修的双学位是大班制，三四百人上课。和大班匹配的是，老师全是博导。原因有两个。第一，博导也是有本科教学任务的，选择给双学位上课，每学期只用在周末上半天课就能完成任务课时，性价比高。第二，那个学校很重视自己的声誉与口碑。

上课时，老师肯定不能去关注每一个人，但是每一个人都有机会去和老师交流。班上最后考取了任课老师研究生的不在少数。另外，我们班上最后拿到学位的人，不超过 50%。还是那个原因，和那点学费比起来，学校更注重自己的声誉。

我觉得是不是骗钱，最简单的判断方法就是：看是不是所有人都有资格去修双学位，是不是修了的所有人都拿到了学位。

五、要不要修双学位

这是你个人的选择，虽然大家总说，多学点没有坏处。

我建议以下几种情况去尝试双学位：

不喜欢自己专业，想换专业的（很多人最后完全换了方向）；

为考研换学校做准备的（适用于跨校双学位的）；

想充电的（准备去修英语、法律专业的）。

目标是你自己的，双学位只是一种手段，看你自己怎么选。

只要你想读，这事又不是考哈佛考牛津，真的没那么难，加油！

选了两个 冷门专业是什么体验？

林十之

总有人说选了冷门专业很可怕，其实最可怕的是，同时选了两个冷门专业。

我就是这个反面教材：生物科学和汉语言文学双学士学位、双方向作死的人。

刚进大学的时候，我们寝室6个人的专业各不相同，分别是历史、汉语言、生物科学（本人）、软件工程、计算机和通信工程。很明显一半是机智大学生才会选择的专业，另一半……之后我就成天被室友、外人甚至家人吐槽，逢人就被问："你这专业读出来能干什么呢？简直作大死，瞧瞧人家学经济的学计算机的。"被吐槽到最后，我忍不住拍案而起，"你们不要老是说我读的专业废，信不信我分分钟读一个更废的给你们看看。"

所以我就又读了个汉语言文学的第二学士学位，双废合体，这下世界彻底清静了。

其实这两个专业都算是我的真爱吧。

当时之所以去读一个第二学位，一方面是因为我本身对文学怀有热爱，另一方面是因为我对本专业的教育感到失望。我对生物专业没有意见，失望的只是我所在科院的教育。老师不认真备课，纯属完成教学目标，讲起课来照本宣科，味同嚼蜡。更别提有什么有人格魅力的教授，能够带你领略一下生物学的美妙。学生自然也不认真听课，每堂课起码达到三成缺席率，那些在教室里的人，也大部分都在干自己的事——玩电脑、玩手机。反正期末花一周时间看看幻灯片、背背书就能拿到A档成绩，为什么还要听课呢？

现在想来，对我而言有用的专业知识，都是在大三之后去实验室学到的。

当时我就想，既然我在本专业课堂上学不到东西，那我就自己找别的途径利用大学资源，在其他专业的课堂上学点有用的东西。我本身对文学就有浓厚的兴趣，我们学校的中文系又大师云集，想来即便学不到什么东西，至少也能感受一下中国大学最顶尖的学术环境是什么样子，于是我就狠下心来修了汉语言文学的第二学士学位。

事实证明修这个学位把我的大学四年都值回来了。听中文系的教授们上课，真的是如沐春风。教授们个个都口若悬河，无论是讲课，还是瞎扯，都是滔滔不绝。我翘了很多本专业的课，但中文系的课基本上一节都没有翘过，那些课实在太精彩了，真的会让人上瘾。虽然现在很多知识我都记不真切了，但那厚厚一本文坛八卦我还记在心里，也算是值了。

由于报汉语言文学第二学士学位的人只有10个左右，我们第二学位的同学和老师关系都非常好。我还记得张老师的美学课，因为人少，老师就采用了古希腊柏拉图的问答启发式教育，完全不在讲台上讲课，而是坐在我们中间问问题，一步一步引导我们对美学思想的理解。还有影视剧研究课程，课程上到一半，老师干脆带我们几个去上海戏剧学院看话剧。我们几个修第二学位的，当时就经常在周末出去逛二手书店淘小说，到现在都还经常联系，毕竟大家都是真爱。

最后写毕业论文的时候，我选择了自己最喜欢的作家——卡尔维诺和西西的影响研究。每周都跟导师讨论和聊天，深化我对作品的理解，最后毕业论文拿到了 A 档成绩。

大三时，我进了很冷门的植物系统进化的实验室，这也是一个不被人看好的方向。实验室总共就只有四五个人，但是人少有人少的好处，大家都混得很熟，在实验室一起叫外卖，做上聚合酶链式反应（PCR）或者跑上电泳之后还可以玩玩桌游，日子倒是过得惬意。

大三暑假我跟导师去川陕甘三省的野外采了半个月的植物样本，上山下乡，连滚带爬，苦是苦，倒也让我这个城里人见识到了不一样的世界。后来毕业的时候，我觉得这样的生活值得继续过下去，所以就一直做到了现在。

现在我在国外读植物进化的 Ph. D.（研究博士），依旧对自己的专业非常热爱。中文系的学位对我的事业看似没用，但却塑造了我的业余生活，我依旧有每周读书的习惯，小说自然更看得不少，自己有空了也会写一写练练笔。虽然我现在已经不能像本科时那样回答很多文学方面的题了，但科班出身的好处就是，你不会走偏，你知道该看哪些文学作品，哪些文学作品是值得看的。你知道不懂的时候应该看哪些专业书籍，哪些专业书籍是靠谱的。你对人文学科有充分的了解，就不会妄自尊大，也不会妄自菲薄。

这两个学位，一个给了我事业，一个给了我生活。当然，说不定哪一天，它们的角色就会互换呢？

这就是我作为最不机智的大学生的经历，虽说一直都在作死，到现在生活也没有定型，但我反而很享受这种未定型的状态。一路走来，都是我自己一手安排的，从心所欲不逾矩。不管怎样，好歹是配得上我们学校那句“自由而无用的灵魂”。

想清楚
你为什么逃课

八卦超新鲜

逃课是大学里一个很常见的现象，很多时候看到别人逃课，你也会不由自主地跟着模仿，却没有想过到底为什么要逃课。

作为一名“资深逃课专家”，让我来解答一下这个问题。

首先证明我的逃课资格。

我是一名“211”高校的金融专业毕业生，入学第一周的第三天，我就进行了第一次逃课，从第二周开始我就基本没去上过课了。在大学的前两年，我的课程规划是非常规律的，那就是每两周上三节课，其中一节是每两周一次的由辅导员教授的形势政策教育课（为了防止学生长时间离校而存在的点名课），另外两节是体育课。

因为没去上过课，所以我一直认为自己在班级里面是默默无闻的，后来才知道，其实我反倒由于逃课成了家喻户晓的人物，因为在老师点名的时候总会出现这样的情形：“魏衡……魏衡……魏衡又没来？”

每次点名我都不在，甚至每一科的课堂我都缺席，这让同学们对我产生了强烈的兴趣。在我唯一出席的形势政策教育课上，总会有人远远指着我说：“呐，就是他。”

好了，接下来，回到逃课这个问题上来。

你已经感受到了，我对于逃课这件事情，是非常心安理得的，不只是大学期间，就算是现在，我也可以非常坦然地向所有人描述这个情况，包括面对单位领导，我丝毫不觉得这是人生的污点或者遗憾。原因在于以下几点。

一、虽然逃课，但我从来没有挂过科

我虽然从来不去上课，甚至为了省下教材费，连教科书都没有买，但是，我从来没有挂过科，也没有遇到过挂科带来的补考这类麻烦。

是的，作为一名继承了“应试之神命格”的男人，我会在考试的前一天晚上，借到第二天考试的两门课的教材，从当晚 10 点到第二天凌晨 4 点，各用 3 小时把书看一遍，如此这般，就能确保以 60 分以上的成绩稳定地低空掠过，哪怕是挂科率超过 1/3 的“大屠杀”课程，也不在话下。同寝室的另一位考试天才，采用的是和我一样的策略，只是因为他是双语班的，所以他的教材是纯英文的。

因为我们寝室一共才 4 个人，两个都是我这种级别的考手，以至于唯一一个每天上课和自习的学霸有段时间精神濒临崩溃，哭诉自己起早贪黑拼搏一个学期，到最后就只比两个考前才拿到书的人高 10 分而已。

确定自己上不上课都能通过考试拿到学分，是心安理得逃课的底气。

二、逃课，并没有给我带来处罚

虽然贵为“211”高校，虽然在某些版本的高校排名里，我的母校曾名列前十，但是因为继承了本省悠闲的气质，在教学管理上面，我的母校实在很是宽容。

像我这种长期点名不在的学生，最多也就是被扣除点平时成绩，从来没有其他的处罚。

所以，用亲身经历知道逃课不会受到处罚，是心安理得逃课的前提。

三、我并不是完完全全在逃课

当然，我不是真的完全没去上过课。偶尔游戏玩到断档，美剧看到无聊了，我也会跟着去观摩一下。但是往往两个学时的课，我在观摩一个学时后就会抽空逃走。

因为，上课对我来说真的更无聊！

课堂里常见的情形就是女生坐在前排记笔记，男生里面的学霸坐在中间记笔记，其他人坐在最后面睡觉。老师翻着幻灯片，用念经的语气强调着枯燥的定义，每一个原本有趣的经济现象，都会被他们拆成第一、第二、第三的抽象概括。

因为一些教材编得太无聊，一些老师授课很无趣（当然也有很棒的老师，但他们的课程往往都是选修课而不是必修课），所以我觉得上课是对时间的浪费，这就成了我心安理得逃课的依据。

四、我逃课的时候在做什么

大一的时候，我逃课后就是逛论坛，大二的时候看动漫，大三的时候看电影，大四的时候写博客和小说。

通过逛论坛写同人小说，我结交了一大帮朋友，到现在，我的网络交友还是以动漫论坛为圆心辐射带来的圈子。大二时我几乎看完了所有排得上号的经典动漫，大三时我扫荡了 IMDB（互联网电影数据库）排名中的 250 部电影。不深究学到了什么，单说这个品味经典的过程，就足以回味至今。大四时，持续写作非常明显地锻炼了我的文笔，“笔杆子”这项能力，到现在都是我在工作和生活中的一个特长，让我受益匪浅。

无论是当时还是现在，我都高度认可在逃课期间做其他事情带来的充实感和快乐，并且始终认为它的价值高于上课本身，这就是我心安理得逃课的根基。

五、逃课是一回事，学习是另一回事

我为什么永远不羞愧于承认自己逃课，因为我知道，在真正的学术知识上面，我丝毫不逊于大部分每天去上课的同学。因为他们当中的太多人，其实并不是真的想去上课，他们只是和别人一样，没法找到心安理得逃课的内心的平静而已。

我逃课当然不只是为了享乐，我也会去图书馆看书。在图书馆我读完了金融学经典译丛、工商管理经典译丛等几套国外教材的译本，那让我体会到了真正进入知识海洋、天高任鸟飞的愉悦。

我知道自己利用逃课的时间追求了真正的知识，这就是我心安理得逃课的核心理念。

最后，做一个总结。

我觉得是否应该逃课、逃课是不是应该有负罪感这些话题，都是伪命题。

抛开校规和逃课可能获得的处罚不谈，上课和吃饭、睡觉、看电影、谈恋爱、上自习这些行为一样，都只是一种选择。选择上课和选择看电影，并没有本质的区别。至于最终选择哪个，就只需要你自己判断，到底哪一个你觉得对自己的价值更大，包括现在的价值和未来的价值。

如果这是一堂老师照本宣科、同学昏昏欲睡的课，你觉得让自己的肉体坐在那儿两小时，对自己真的有帮助吗？如果没有，那就去找到更有价值的事物，其实就是这么简单。

不要纠结不上课是浪费学费这样的问题，提这个问题的人都没明白什么叫“沉没成本”。

再次重申，我上面这段话的前提是要抛开校规不谈。如果期末你因为旷课被判不及格或者被开除啥的，可别来找我。

大学里，要不要花费时间考证？

Yuchen

上了大学后，你会发现各种证书铺天盖地地袭来。但是对于要不要花费时间考证，你仍然抱有疑虑。

说说我自己的经验吧。

我是一个普通一本大学的大三在校生，念的是商科专业，证书只考了英语四、六级，求职方向为四大会计师事务所，今后打算考CPA（注册会计师）。

在大学里，你确实会接触铺天盖地的各类证书：计算机证书、普通话证书、会计从业证、证券从业证、教师资格证、导游证、英语四级和六级证书、中高级口译证书、BEC（剑桥商务英语）中高级证书、托福证书、雅思证书、托业证书、CPA、ACCA（特许公认会计师公会认证）、CIMA（特许管理会计师认证）、CMA（美国注册管理会计师认证）、CFA（特许财务分析师）、ACA（英国特许会计师认证）、

AICPA（美国特许会计师认证）、CGA（加拿大注册会计师认证）、AIA（国际会计师认证）……棒极了。

乔布斯曾说“Connecting the dots”（关联点滴），你并不能知道生活中经历的东西什么时候会帮助到你，但有一天你会发现那些“dots”串联成一线，给了你关键的帮助。确实，这些证书很可能会成为你的“dots”，毕竟你怎么知道自己以后用不用得着呢？

但这一切的前提是，你不知道自己该做什么，所以你盲目地选择，以期待以后能够误打误撞地用上。

做任何事情都是有机会成本的，也许你最后拥有了很多很多证书，可是当你发现用不上其中任何一份的时候，你就会质疑自己，大学里的这些时间如果不用来考证，是不是能用来做些更有意义的事情。谈一次恋爱？加入学生会？做一份兼职？参加一次会计类比赛？学一门乐器？做一次支教？与不相识的人一起踏上徒步旅行？你以为自己有的是时间，到头来却发现自己最缺的也是时间。

很多人以为做那些事情只是消遣没有必要，但生活就是要去经历体验，很有可能正是那些体验让你看清了自己今后的道路。我之所以会做出今天的职业选择，归根溯源，是受到自己近三年的学生会经历以及学长的影响。

所以，确定自己想要什么，才是你最该想的事情，盲目考证只是其中一个选项，一个别无选择时的无奈之举。

反过来说，考证确实是有用的，特定的证书对于特定的道路选择会起到极其重要的作用。你知道很多企业在筛选简历时，除了看你是否是“211”“985”大学的毕业生，还看你英语六级成绩是否超过 550 分吗？没有达到这一标准的人，即使再优秀，在这道门槛面前，也只能望洋兴叹。你知道 CPA 证对会计师事务所从业者的作用吗？知道司法考试对法律从业者的意义吗？你也许知道出国需要托福雅思成绩，但你知道有些外企在社招笔试时会直接给你进行托业测试吗？

所以，最重要的，还是想清楚自己想要的是什么。

如果单纯想想不通的话，那么我给你一个建议：找到与自己情况相似的学长，观察他们的选择方法和经历的道路，综合自己的选择余地（考虑自己的学校、家庭关系等因素），尝试去总结适合自己的究竟是什么吧。

然后你就会知道，究竟要不要花费时间考证了。

选择考证后，给人生带来了哪些正面影响？

外向的孤独患者

只想说说考证对我的影响并给大家一些建议。

我大学学的是市场营销，2015 年毕业，现在在银行工作。

我持有的证都是比较基础的。

证券从业资格证（基础 + 交易）、会计从业资格证（基础 + 财经法规 + 电算化）、初级经济师（基础 + 金融）、银行从业资格证（初级 + 理财 + 个人贷款 + 公司信贷）、基金从业资格证、期货从业资格证、保险从业资格证、大学英语四级证。

所以，我应该算是挺有资格回答“考证的影响”这个问题的。

一、我当时为什么要考证？

我的大学生活其实挺颓废的，考证只是我的一种“自我安慰”，除了考证、实践、运动，我找不到其他“感觉可以对未来造成正面影响”的事情。

所以在学生时代，考证对我来说，更像是一种“心理安慰”。我考证的时候，没有去具体地思考这些证书能否给我带来益处，只是潜意识地觉得“有用”罢了。

二、为什么选择这些证？

市场营销很像一种“万金油”的专业，这个专业可以从事任何工作，同时任何工作都很难做好。我这个专业也有含金量很高的证书，例如注册会计师、精算师。但是当年的我并不清楚自己想从事什么工作，所以没有选择这种要花大量时间才能考取的证书。

因此，我走的路线是“以量取胜”，我的想法是将所有能考的简单证书都考完。当年的想法是希望在面试时可以给面试官留下“很上进很努力”的印象。

三、这些证书对我有没有产生正面影响？

答案是有的。

1. 求职

面试的时候，我的证书还没有这么多，大概四五个吧，但在应届毕业生里面已经算是“出类拔萃”了。毕业时我大概面试了七八次，在超过一半的面试中，用人单位都有问我考证的问题，这说明他们已经对我产生了关注。

我记得，在我面试交通银行的时候，笔试过后还有两百余人，签到表的排序是按照大学的排名来排序的，一共两页，我的学校才在第二页的中间。后来，银行只招了30人，我拿到了Offer，我相信，这跟我的证书是密不可分的。

2. 工作

在银行里面，有些业务是要有相对应的证书才可以办理的，例如要有初级经济师或银行从业资格证才可以为客户办理理财业务，要有基金从业资格证才可以为客户办理基金业务。所以，在岗位的调整上，我有了更多的选择。

同时，我们经常要填写员工情况表，里面有一栏就是证书的填写，当我如实地将我考的证书填上时，在单位引起一阵小轰动。我们副行长也是一位考证狂人，但他比我厉害多了。知道这件事后，他经常来找我讨论考证的问题，教导我未来应该考哪些证书，考证已经变成了我跟副行长之间一个很好的“话题”。

同时，从副行长的口中，我也知道行长挺看重我的，可能是感觉我比较上进，所以考证成了展现我上进的一个很好的“证明”。

这说明，你曾经做的努力都会在未来的某一天帮到你。

四、花了多少时间?

我从大二开始考证，考的第一个证书是证券从业资格证，当时考了两次。后来我总结了一套考证的方法，基本上2～3个月考取一个证书是最合适的节奏。

2016 年，我在一年内通过了会计从业、基金从业、期货从业、银行从业中两科的证书考试。

事实上，考证并没有花费我太多的时间。

五、我的建议

1. 如果你有更好的选择，可以不考证。但是，如果你跟我一样都属于浑浑噩噩的类型，我建议有什么证都去考，当然请考虑自己的时间成本。

面试时，你看再多的书都不如证书更能证明自己。

2. 如果你的专业有含金量很高的证书，就花大量时间去考取。如果你的专业没什么含金量很高的证书，或者你还没想清楚未来要做什么，那就有什么证都去考！把所有能考的都考齐。

老师亲自答，为什么偏偏给学生 59 分

皮耶霍

经常会有学生抱怨老师给 59 分害得自己不得不参加补考。

我就是一个 59 分强行不给过的老师。

而且我不仅给过 59 分，我还给过 59.7 分和 49.9 分。另外，当时的规定是卷面不到60分的学生，分数在 50 分以上的才能参加补考，分数在 50 分以下的下学期重修，没有补考机会。

我希望能用这一个个 59 分，让学生们至少明白去敬畏规则，同时尊重劳动。不管是别人的劳动，还是你自己的劳动。

我所带的课，应该是全国所有大学生们都最不喜欢且最不屑一顾的：毛泽东思想概论、邓小平理论、思想道德修养、形势与政策和大学生就业指导。对于这几门课，全国的大学生里，有几个敢说自己一节课都没逃过？但是敢说自己一节没上过的，我估计倒是得以百万来计。

空荡荡的教室，自娱自乐的学生，形同虚设的考试环节和不屑一顾的眼神——这就是我刚开始带课时的课堂环境。我至今还记得我第一次布置课堂作业时教室后面传来的嘘声，以及迟到半小时才进教室还大嚼着早餐的学生被我赶出去时拍桌子的砰砰声。

第一年的思修考试环节是以论文形式进行的，结果11个班400多人，只交上来了不到300份作业。手写版、打印版的作业都有，打印版的大概100多份，统共只有十来个模板。勤快点的还换个开头结尾，懒一点的干脆除了名字不一样，从标题到最后一个字都和别人一模一样。纸质版的稍好一点，除了字数整体不达标以外，倒都是自己写的，但也不乏用皱巴巴、巴掌大的半张纸写上四五十个字交差的好汉。

别的老师劝我说差不多就行了，论文考核这个东西本身就是软性的，没有硬性的评分标准，怎么评判？而且一旦给学生判了不及格，就意味着自己也要提前结束假期，要出上三套不同的卷子给教务处，以便教务处安排补考。何苦呢？

我回到家，打开电脑，看到学生们在网络上疯狂转发着“百年×大，思修不挂”的状态。

好吧。看来我注定要在百年×大留下浓墨重彩的一笔了。

第一年我认了，因为我什么准备都没有。但第二年我不准备忍了，因为我已经准备好了。

不是说论文考核没有硬性评分标准吗？那我就改成试卷考核。同时用了一个假期的时间，研发出了一整套的评分标准。这个系统现在应该还被×大的思政教师们广泛使用着，我自己戏称是×大的SZ9001体系。

在这套体系下，整个一学期你在课堂上的表现，包括出勤率、课堂回答次数、参与课堂活动次数、课堂作业分数、小组作业分数，以及你最后的考试分数，都被乘以了一个系数。各项系数相加，就是你最终的期末分数。

当然，出勤率不靠点名，主要靠课堂提问和小组活动。我在课堂上将全班同学分成了数个小组，每个小组在一学期里都要完成固定的小组学习任务。同时课堂上安排了超级多的快速问答、即兴演讲和小组任务展示环节。这些环节的表现好坏同样乘以系数计算到期末总分里。

在极端的情况下，一个同学可以在不参加期末考试的情况下，仅靠课堂表现就已经能够达到及格。而一个同学也可能在极端好运的庇佑下，一学期都不来上课，同时也幸运地躲过了所有提问和小组展示环节，那他就需要在期末的卷子上真真正正地答够 65 分的题才能够及格。如果再有一次缺勤的话，那他就得在期末答出 70 分左右的题才有可能及格。

而对于那些依然采用论文考核环节的课程，我的要求是提交论文纸质版的同时必须提交电子版。我会把电子版全部复制到一个文件里，然后拿去检测。检测标准与本科毕业论文检测标准一样，论文重合率超过 25% 的，一律判为不及格。

SZ9001 系统执行的第一个学期，我花费了整整一节课时间给学生讲解，告诉大家我要玩真的了。然后据探子来报，大多数学生认为我在装样子。

各班的小组名单拿上来时基本就是各寝室名单，没有人会为了这个小组去费劲笼络牛人。每次课堂作业布置下去，提交率在六成到八成之间徘徊。课堂提问和即兴演讲环节经常出现冷场，小组任务展示需要靠摊派。

我不管这些，只是认认真真地做记录，然后保留每一次的原始材料。每节课都上得认认真真，教案明晰，内容充实。

然后，那一学期的期末考试结束后，我按照系数算了一下，一共 11 个班 493 个学生，挂掉了 21 个，挂科率 4.26%，勉强相当于政治经济学或者大学体育等公共课的挂科率，完全符合教务处对我们挂科率维持在 1% ～ 7% 之间的要求。

我很满意。

然后学生们炸了锅，在网上发帖谩骂的，质疑我公报私仇的，找院长找领导的，给校长信箱写信检举我的，不一而足。有在我办公室号啕大哭说自己要出国留学不能有挂科的，有家长带着学生直接在学校路上把我堵住说我吃饱了撑着的，甚至院长还亲自把我叫去办公室询问情况。

不过当我默默把他们带到我的文件柜前，把所有这一学期的记录一一给他们罗列出来，哪天没来上课、哪次作业没交、期末论文抄的是谁的哪一篇……所有人都闭嘴了。只剩下家长们还在喃喃地骂我脑子有病，拿着鸡毛当令箭。

我只是想让学生们知道：一项工作有没有意义，每个人都有每个人的观点，这个可以讨论，但在讨论成定论、规则被修改之前，你应该做的首先是全力以赴去完成这项工作。

学生的工作就是学习，你可以质疑大学的课程没有用，但在质疑的同时，你首先应该去努力完成它，不要让质疑成为自己不努力的借口。

还是那句话，我希望我的学生尽可能地在学校里把因为幼稚而犯的错都犯上一遍，然后让我给他们应有的教训。这总比将来在社会这个大学校里被人乱棍打死要强。

然后，在第二学期，我的课堂终于满员了，每节课 5 分钟的小组任务展示时间完全不够用，我原本是要求所有小组在展示前必须先提交全部材料，后来只能在每节课上课的当天实行零点秒杀政策——以零点为界限，以最早给我邮箱提交全部材料的小组为优先，这才算解决了问题。

课堂上的快速提问和演讲环节成了竞速大赛，一旦从座位上起身晚了，怕是一学期都轮不上一次露脸的机会。

我承认我带的这几门课，从知识性上来说，其实不能带给学生太多的好处。但我自豪的是，我起码在有限的时间里最大限度地提升了学生们的演讲和语言组织能力，以及他们当众发言的胆量。我带的那一届学生，最终毕业时，别的成绩可能有好有坏，但是一到面试环节，绝对都是秒杀全场的角色。无小组讨论、饱和问答、即兴场景设计，那都是他们之前在课堂上玩烂了的。

从第三学期开始，我的 SZ9001 体系开始在其他老师那里得到认可，广泛流传开来。不过具体实施起来还是有所差异，有的老师就把最低分始终限制在 60 分，保证没有挂科的学生。而我依然是按照我的体系给分，产生了许多诸如 59.7 之类的分数。

五年来五门课加起来，我挂掉学生也有近百人了，其中有要出国的，也有想要保研的。经常有人痛哭流涕地过来跟我说，他走到今天这一步有多么辛苦，之前付出了多少代价，不能就倒在我这最后一步。我对他们的遭遇表示同情，对他们的心情表示理解，但是，不可原谅。

一张 100 分的卷子，你答了 99 分，就是 99 分，不能说我已经答了 99 分，好辛苦，所以应该给我 100 分。同样，答了 59 分，就是 59 分。

每个人都想要轻松愉悦地功成名就，一事无成而腰缠万贯，有这种想法的人，可以理解，但不可原谅。

打醒有这种想法的年轻人，就是我们这些给 59 分的老师存在的意义。

Chapter 3

考试通关！一般人不知道的学习技巧

体系化是学习的正道。
学到的东西只有纳入自己的知识体系中，
才算是为自己所用。
不成体系的零碎知识是没有任何价值的。

给自己营造好的学习环境

松鼠 Robin

创造一个学习的世界给自己，扔掉原来的世界，再造一个新的环境，受新环境的影响，就会相应产生积极的心态！

比如我在武汉一所大学上学，同寝室的同学不是很喜欢学习，于是我在大二的时候就做出如下改善。

1. 逃出寝室。不是在课堂上就是在图书馆，上课、吃饭、图书馆，没有课的时候就待在图书馆，当然看书就多啦！

2. 逃出本校。觉得学校资源不够丰富，所以每个月都要去几次华中科技大学和武汉大学听讲座，受益匪浅！

3. 逃出空乏的思维。玩转微博，周末偶尔参加暴走或定向越野活动，假期偶尔旅游，开阔视野，丰富阅历。

4. 学习上采取主动态度。积极与任课老师邮件沟通，及时将自己的观点写成小文章，读书和写作很利于自己学习能力的提高。

当然，上面只展示了有规划的一面，其实我也有不少随意的时间。

找那么两三个谈得来的朋友，偶尔跑跑步，喝喝小酒聚聚餐也挺好的！

目前我仍面临两个问题：一是每天的上网时间过长，浪费了学习时间；二是不习惯写读书笔记，读书的效率低，看得快，忘得快。

我做出的改善是，控制使用电脑的时间，晚上从图书馆回来再开电脑。另外，我还逐渐开始写读书笔记，发现逻辑确实好很多了。有待于继续坚持改善。

怎样才能让学习体系化，效率更高？

Lachel

大学里总是会出现不少“学霸”“学神”，很多人在艳羡的同时，也会想要掌握他们的学习方法。

下面我就来说说，如何让学习体系化，效率更高。

先说一下前提。

1. 我默认这个问题里的“学习”，属于提升自己的范畴，不是指应试的那种。

2. 以下的一切，是建立在兴趣的基础上。没有兴趣，一切都是妄言。

体系化是学习的正道。学到的东西只有纳入自己的知识体系中，才算是为自己所用。不成体系的零碎知识是没有任何价值的。

具体来说，有下面几步。

一、了解工具

无论你想学习什么领域的知识，第一步是了解这个领域的研究工具——比如术语、研究方法、这个领域的基本常识等。所以先选择一本公认的、权威的教材，将里面出现的术语全部弄明白。

这一步不用奢求读懂多少，能理解那些术语就可以了。比如，学哲学就可以读梯利的《西方哲学史》或者所罗门的《大问题》。看到一个不懂的术语，查维基、查资料、问别人，把它弄懂，不用强求记住什么和理解什么，先把诸如形而上学、一元、二元、有神、无神、泛神、先验、超验、经验等基本概念弄清楚。学经济学，就读萨缪尔森的《经济学》。把里面的术语弄懂了，基本上读经济学著作就没有太大问题了。我觉得比起曼昆那本，萨缪尔森的读起来更爽，更严谨，当然这可能是口味问题。

这一步，选择一本恰当的启蒙书籍尤为重要。

其实，无论你读了多少妙趣横生的普及读物，到头来，基础教材这一关始终是绕不过去的。畅销读物好看，轻松，但学习本来就是一个艰难的过程。因为，学习就是打破大脑里固有的藩篱和联结，建立新的节点和网络，这个过程跟改变习惯一样，必然是充满艰辛的。相比之下，畅销读物只是给你一点谈资，让你自以为学到了东西，并不能帮你重建对这个领域的认知。另一方面，畅销读物为了保证可读性，对概念的诠释上必然会更加模糊和简单，如果没有通过基础教材打好基础，很容易产生理解上的偏差。

二、建立脉络

了解了基础的工具之后，接着就是纵览、建立这个领域的脉络。

这一步，要多读几本描述不同时期的书，同样不求深入理解，先把这个领域的发展弄清楚了，在大脑里建立一个时间轴，弄清它有什么不同的时期、每个时期大致有什么特点、有哪些著名的“节点人物”等。

我建议选用一本电子笔记，因为它的长度可以无限延伸，EVERNOTE 和 ONENOTE 都可以。新建一个页面，每读一本书，就总结出书里对应的脉络，补充进去。一系列书读完，这张长长的图表也就完成了。完成之后，你要确保它已经牢牢记在你的大脑里，然后就可以扔掉了。对的，不建议使用现成的时间轴。因为这个过程中，重点不是把时间轴这个东西做出来，而是把这个领域的历史烙印进你的大脑里。你需要一步一步去写、去完善，才能起到强化记忆的作用。而且，每个人读的书、抽取脉络的方式、总结内容的侧重点都未必相同，适合自己的才是最好的。

三、找出兴趣点

一个领域的东西，你不可能全部掌握。所以，在整理出脉络后，下一步，就是根据这个过程中的理解，找到自己感兴趣的地方。比如，你可能会对康德感兴趣，那你就可以看看对他的评价——为什么说康德是近代哲学的里程碑？想弄清楚这个问题，你总得了解一下康德之前的本体论、认识论和伦理学吧。康德自己的著作太艰涩，可以先看看别人的解读，在摸索之中，慢慢向他靠拢。又比如，你读完了心理学的概述，可能会对社会心理学感兴趣。那么，可以上网找找这一类的书单，一本一本读下去。有了第一步的积累，读起来会轻松很多。或者，你对社会群体的思维模式产生兴趣，那就可以看看《乌合之众》《集体行为的逻辑》等。又或者，读这些书的时候，你产生了一些问题，比如，传媒对社会群体的影响是什么？为什么会有这样的影响？这时，你就可以涉猎一下传播学的著作，比如《传播学史》《娱乐至死》《童年的消逝》等。

学习的本质就是“联系”：旧概念和新概念的联系，单一概念和拓展概念的联系，不同领域之间的联系……只有不断拓展“联系”，才是学习的目标。

介绍一个方法：每学完一个点，可以在心里假装把它讲给别人听，然后站在别人的角度提出问题，再试着回答。这个方法的效果非常好，一来可以增强你对它的记忆，二来可以发现那些你还没弄懂的东西，这两点已经得到了许多知乎网友的验证。

四、建立联系

如上文所说，学习的奥义就是“联系”。何为联系？当你接触到一个新概念的时候，大脑中这个概念的位置被激活、被更新，随后所有与之相关联的东西，都建立了全新的因果逻辑，这就是联系。比如，当你了解“弹性”是个什么东西之后，你以往读到的，比如“刚性”，比如商品价格变化的趋势，比如某种经济现象——抢购、囤积等，都会得到一种全新的、合理的解释，你对它们的认识也会刷新，以往的种种疑惑、困难也随之消失，这就是联系的力量。

当你学会一个概念时，与之相关的其他概念被激活，这也是联系，而且是更重要的联系。比如，学社会心理学时，你可能会想去了解传媒方面的知识。学历史时，你可能对某个朝代的经济政策——比如唐朝的租庸调制——感兴趣，就可能会去了解宏观经济学里面的经济政策和财政政策，或者读一读经济史，看看赋税如何影响一个国家；或者其他国家，其他时期是采用什么方法解决这个问题的，不同的举措之间有何利弊等。

这一步，读的时候要注意两点。

1. 带着问题去读。每读到一个地方，都问自己一个“为什么”，然后试着去解答它。可以查书、查资料、查百科，把问题解决了再继续读。不用担心影响读书效率。记住，你是为了学习、为了弄懂一个领域而读书，不是为了把这本书读完而读书。

2. 做好笔记。这方面，推荐我原创的 INK 笔记法——Inbox—Note—Knowledge。这么一说突然就感觉高大上了……

具体步骤：

把笔记本分三个区，分别是 Inbox（收件箱）、Note（笔记）和 Knowledge（知识）。

将一切想到的东西、看到的东西、有价值的东西记在 INBOX 上。例如一句话“Evernote 和 Wiz 对比”。

每天定时整理 Inbox，将里面的内容通过搜索完善、延伸，整理成一条笔记，放入 Note 里。例如“Evernote 和 Wiz 对比，优点是××××，缺点是××××”。每周定时，把所有相关的 Note 笔记，整理归入同一个主题，放入 Knowledge。

主题是什么呢？主题其实就是关于应用的想法。

我在笔记里看到一个素材，觉得可以就此写成一篇文章，那么这个立意就是主题，我就可以把这个素材放进去，以后看到相关的素材，也可以放进去。

再比如，我读了《关键链》和《定位》，觉得其中一些思想可以推广到部门里，那么我就可以设立一个主题“给 Boss 的建议书”，把它们放进去。在这个过程中，你所获得的一切零碎知识，都可以纳入你的笔记里，成为你知识体系的一部分。也唯有这样，这些零碎知识才有了价值。在这一步的学习中，你写的这些笔记，就是你最重要的学习成果。因为它们展现了你的思考过程和结果。更进一步说，也可以通过学习锻炼这种发问—思考—拓展的思维方式，非常有用。练得多了，你会发现自己在分析问题的时候，速度快了许多，角度和深度也会有所提升。

五、拓展和应用

重复以上步骤，针对同一领域的不同兴趣点，或不同领域，深入挖掘，建立联系，将所有这些东西在思维层面整合起来，就是你的“知识体系”。然后，就是让你的知识体系发光发热，去应用它们。写博客，写回答，教给别人……在这个过程中，你会加深对它们的理解，同时发现那些被忽略的盲点，进而攻克。这其实是最重要的一步。

许多人推崇“做中学”，因为任何知识归根结底都是要“用”的。你写一篇文章去介绍、去讨论，也是属于“用”。你学到的知识，只有能够应用，才是真正属于你的。应用本身，也即是内化的过程。到这一步，你就已经算入门了。接下去，就是用自己的方式去努力啦。

如何在一个月内通过大学英语四、六级？

冻云

英语四、六级对很多大学生来说都是一个头疼的问题。

下面我就以亲身经历告诉你，如何在一个月内通过大学英语四、六级。

先亮分：机械专业，英语四级 573 分，六级 623 分，四级复习了一个月，做了一本真题，六级只背了 70% 单词，没做真题。当然成绩不说明问题，而且 700 多分标准分换算成百分制，差距很小。

我要说的方法完全是“学渣”短期速成型，并且已经在我的本科学校做过多次大礼堂推广，反响热烈，专治“学渣”四级，操作性极强。

废话少说，开始答题。

时间只有一个月，四、六级考试在校大学生才能参加，先预设题主是大学一二年级的学生，要正常上课，只有课余时间可以备考英语。

一、首先要知道，四、六级考试有 35% 都是听力

如果像一般学生那样先拿本单词书背背，早上读读课文，考前一个周六做两份真题，真题里送的 MP3 又嫌痛苦不好好听，那最后成绩很可能只能反映你长久以来的英语平均水平，或者说，高中阶段的水平。

很少有人知道的是，水平相同的两个学生，付出同样的努力，阅读能力很难提高，听力却可以在短期内得到快速的提升。因为阅读需要至少词汇、语法、英美文化知识和逻辑能力四方面作为支撑，这四项都不是短期可以提高的，听力却不同，四、六级听力基本就是考查对关键词（包括一些否定词、时间词、习惯用语词）的敏感程度，所听到的词汇都是一般学生已经熟知的，只是没有建立与听觉的联系。

因为这些原因，同样的时间和努力用来复习听力，就可能提高 20% 的成绩，而用来复习阅读，可能只提高 10% 的成绩。

那么，如何提高听力题的成绩呢？

这个问题展开来说，就是如何提高听觉对上述特定关键词的敏感程度呢？

答曰：真题录音单曲循环。

简单来说就是在空闲的时候，比如上下课时、闲逛时，有意识或无意识地单曲循环一套真题。比如你去食堂排队，可以把听力开着，队伍不动时，就分心听两下。不要小看这种可能无意识、无效果的“听噪音”，一套题不过 30 分钟左右，一上午循环五六次，加上有的题目句子念很多遍，你已经能像展开一张揉皱的纸一样把能听出来的词全听出来了，还听不出的就是你可以提高的地方。

然后，打开真题答案，对照录音脚本，看那些你听了十几遍都

没听出来的到底是什么，接着再做题，这时就能找出题的套路和潜规则了。

这 35% 的听力其实非常好练，如果能每天坚持这样循环一套题并且看录音脚本（路上时间需要约 2 小时，读脚本 1 小时），到考试那天，你会觉得：啊，听力读得好慢啊！

当然，一般学生可能没法每天都练，基本上能消化十套题左右就很了不起了。

同时，对于一些听力基础不太好的同学，下面是几乎“从零开始”的听力建立流程。

1. 先看听力脚本，如果基本能理解意思，就可以开始听了。如果生词还太多，那么就先把每个词都查出来，搞懂意思之后再听。

2. 按上面说的反复循环，然后进入看脚本的阶段。

3. 在把脚本弄通，将没听出来的全听出来之后，还可以进行脚本的跟读。一句一暂停，然后读。

“循环听”“对脚本”“跟读”我称之为“三板斧”。这三步下来，没有搞不定的听力段落。如果“三板斧”弄完了真题里的听力，基本上听力里出现的内容就全都建立了一定的联系，也可以说是掌握了。

我估计很少有人把听力说得这么重要的，但它其实就是这么重要，重视听力，是短期通过英语四级考试的捷径。

二、我的快速背单词法

说起背单词，网上攻略汗牛充栋，但大多都在讲背单词是个苦功夫，不能着急，也没有捷径。但我要说，捷径一直有，就看你知不知道。

首先，为考四级背单词不等于增加词汇量，增加词汇量是个苦功夫，但“只求重点词眼熟，大体知道意思”却不需要下苦功夫。

四级试卷大纲有四五千个要求掌握的词汇，想先背完大纲词汇再去做阅读的人，基本上首先要面对一个门槛，那就是“如果不背完，可能效果很差；如果坚持背下去，又几乎100%会中途放弃”。

时间只有一个月，要做到“只背试卷上会出现的词”，还得快速背完，怎么才能达成？

1. 先买一本《分频四级词汇》。就是按真题里的原题文本电脑统计的词汇，先是出现5次以上的，占了大半本，然后是4次的，然后3次，一直到大纲里有而试卷里从来没出现过的。我当年用的是伍乐其（感谢这个怪怪的名字让我成功记住了他）主编的那本《淘金式巧攻智能分频词汇》，他仍在更新这个词典系列，现在已经更新到了第15版，所以你买的时候，选择最新版就好。

2. 买一套分析得比较扎实的真题解析，以最近十年的为宜。

除真题以外的其他资料都不需要。如果想买其他的真题，一定要看清楚此真题有没有“阅读题的全文翻译”，如果没有，不值得买。

好了，两本书都买好了，怎么快速提高词汇量呢？

答曰：代入下列原则做真题。

1. 真题卷子里遇到的任何“生词”——只要意思不确定，哪怕刚看过又忘了，就算生词——都在《分频词汇》书后面的查词索引里查，查到之后，在词典里这个词下面画一条线！同时可以把这一页也折个角。然后把该词的意思抄到真题里相应文段旁。只抄中文解释，不会读的标音标，然后继续阅读。边读边查，遇到就查，读到哪儿查到哪儿，不要做完题再统一查！

2. 一套真题做下来，你需要做的仅仅是把生词从《分频词汇》书里查出，做上标记，然后把中文解释抄在阅读题中生词的旁边。

3. 用大约一周的晚自习时间或是一个周末的自习时间，这样做3到4套真题，你会发现《分频词汇》书里有几十个动词和形容词被标记了七八次，它们的意思你也抄了十几次。再继续这么“处理真题”，你会发现，一大厚本《分频词汇》里，被标记多次的生词只有一两百个，但它们都是核心中的核心，是你的词汇水平从高中迈向大学的门槛！现在，你通过查生词，把它们手工筛选出来了。这些词不只是常用词，更是命题人考查你的词汇量停留在高中还是大学的标尺！这些词之所以重要，是因为它们对理解文章起着关键作用，并且是你无法推测得出的。而它们的意思你已经抄了很多遍，现在不用背，你已经记住或眼熟了。

4. 做完10套题（很可能你的时间 / 毅力 / 紧迫感只需要你做4到5套），你会发现最重要的生词通过反复查，已经很“眼熟”了。接下来，选个早晨清醒的时间，开始翻分频词汇书籍。原则是只看标记过的词，没标记过的略过。每次翻看都应该从头翻到尾，从开始查词到此阶段，所有标记了、折了角的词都看，但兼顾效率，不要抄写，只是看词形、意思。

5. 依各人实际情况，“代入查词”的阅读和“早起翻看词典”应交叉进行，但不要连续进行。具体说就是如果前一天查词阅读，那么翻看词典至少应该在第二天早上进行，而不是在查词阅读之后。这是源于记忆曲线原理——接近遗忘时的复习能让复习效果加倍强化，而马上进行的复习效果不如接近遗忘时。

大纲要求的词汇很多，但相当一部分是基本不会考的，或者会出现但不起决定性作用，比如一些生僻的名词。所以简单分频不能说明问题，自己画过的线才最可靠，并且你会发现被画最多的主要是动词和形容词，它们才是传达文意的核心。最多一上午，你就能把《分频词汇》过一遍，那些出现频率 0 次或 1 次的，不看也可以。而如果书里列在前面的最高频词汇中，有很多作为生词被标记了，说明你的基础还是比较差，应该关注。

上面说的是最直接的做法，下面补充一下为什么不必拿个词汇表（传统词汇书）去记。因为四级考试的阅读部分，根本不是考你“写”词，而是考“眼熟”，你只需要大体知道一个词的样子，并把它的样子和它的意思建立联系就可以了，以“能默写”为目标的“传统背单词”比我分享的方法要费劲很多，而且完全没有必要，按我上面的步骤，很容易就能建立印象，快速记词。

传统复习方法的低效之处在于：无法把做（阅读）题的过程转化为能力的提高。一篇阅读理解做下来，一般人看得似懂非懂，后面的题也是靠猜，遇到长难句看看翻译，这样做多少遍都不会有实质的提高，还浪费时间，做了无用功。

我的办法就是，“在阅读（使用）中记单词”。

同时，很多单词我都认识，但不会写，因为我知道没必要把单词抄到“会默”的程度。我的中学老师曾经说过，教学的目的有两层，第一层是“再认”，就是给教你个东西，你到别的地方能把它再识别出来；而另一种要求更高，是“再现”，就是这个东西学过了，你要能自己在需要的时候写出来。阅读就是考“眼熟”，所以只需要达到“再认”就可以了。

三、怎样提高阅读和翻译能力

进行这一步前，请确认做到了我在上文提出的要求。如果做到了，那么摆在你面前的应该是一份真题，而这份真题上所有你“不太熟悉”的“生词”，你都抄了意思在旁边。

现在在心里把文章翻译一下，看哪里还不懂，有不懂的，请联系一下上下文，猜一猜，然后，再对照“全文翻译”，这样对阅读能力的提高帮助非常大。

这也是为什么上文说选真题书一定要有全文翻译的，没有翻译的没用。难道你做题只是为了做完核对答案吗？阅读题不像数学题那样，永远不会再遇到。

想要提升阅读能力，如果你没有把握，那就别从语法入手，仅为考试，按我说的就足够了。

四、怎样提高写作能力

如果你已经读到了这里，那么我再奉献一些干货，教你快速提高写作能力的方法。

你在网上可以查到很多写作方法和文章心得，但是按文章里的方法背了那么多模板，记了那么多例句，怎么到自己写的时候还是Be、表语谓语不分，单复数不对，胡乱搭配呢？

因为那些方法不对。

记、背并不能真正让你理解英语语言的构成，起码对于最常出错的简单句的构成等都不能带来足够的敏感程度，更不用说比较高级的“搭配”了。

那该怎么办呢？

答案就是：口译汉语短文。

我当年是直接口译的《新概念英语 2》。《新概念英语 1》是讲英语字母怎么写、How are you 之类小学常用语，《新概念英语 2》就是简单的小文了，文章难度与四级作文基本一样，但地道程度就甩各种模板几条街了。

打开《新概念英语 2》，先别看英语原文，因为都是初中程度的句子，你一看就会。先看汉语翻译，一句一句从汉语向英语口译，口译完，再看英文原文。因为这本书的内容很浅显，你有很大概率译得跟原文差不多，但别大意，最好写下来，尤其那些 Be 动词、单数第三人称、过去式、倒装句式、强调句式，和原文对比，跟原文不同的地方，就是你的不足之处！

做过几篇，你会发现自己进步了，你觉得一个句子，自己的写法可以，书上的写法也可以。这时你就可以翻译整篇小文了，译完整体对比。

如果你觉得《新概念英语 2》比较散，可以口译带汉译的作文范文。那个句子上了点，不过见效快，一个搭配你没真掌握绝对译不出来，想破头再看原文，记忆效果加倍！

当然，我们为了考试，肯定想要更有针对性和见效快的办法。方法还是一样的，但材料可以改换一下。

最直接的就是找带作文范文同时范文有翻译的真题。

在练习写作时，先不要看作文的范文，先看答案里的范文翻译，一句一句把它翻译成英语，然后再一句一句对范文，看翻译得怎么样。

有不一样的地方，一定搞清楚自己的写法有没有问题，范文的写法是不是更好。一般来说，范文的写法会有你没关注到的地方，最后都以范文的写法为准。

当你达到看着范文翻译能把范文再默写下来的程度时，相信范文里出现的所有用法，你也都掌握住了，而且下次遇到也能自然地反应出来。

基本上，写作的练习和汉译英的练习可以合并进行。没必要开始构思时就用英文，正常情况下，应该是先用汉语打好腹稿，好知道哪些自己能表达、会表达。

新概念是一套非常经典的教材，好处是它的“中英对照”，如果有其他难度适中的中英对照的材料也可以用。但一定不要贪难。《新概念英语 2》课文非常简单，就中学英语难度，但我们练习的是写作，能达到这个层次很不容易了，而且《新概念英语 2》有 96 课，分几个阶段，越往后越难，觉得刚开始的课文不过瘾，可以从第二阶段、第三阶段开始。《新概念英语 3》更难，翻译难度已经超过英语专业八级考试，仅是为了考大学英语四、六级考试的话，就不用考虑了。

这就是我能在一个月内通过大学英语四、六级考试的诀窍，希望对你起到帮助。

Q&A 小环节

Q：能不能具体说一下“遇到生词就查词”这一点？

A：“遇到生词就查出来，做标记，然后抄意思在旁边”的精髓是：一个词不管已经查过多少次，意思抄过多少次，只要在新做的真题里又遇到时，你还是90%没法确定它的意思，就仍按“生词”处理，再抄一次，这样才会出现“一个词的意思抄过十几遍”的结果。千万不要觉得查过了、抄过了，这次看看就算了，这时多抄一次，胜过对着单词书抄十几次，因为它是处于语境中的。

有些同学会觉得，标注完整个卷子都写得满满的，没有必要吧，全查也太多了。其实，这完全是正常情况。只是你还没有形成查词的习惯，过去做阅读都是稀里糊涂就过去了。一篇查个十几二十个甚至二三十个才是常态。但放心，需要查的词会越来越少的。并且你要知道，这和数学、物理一样，一个学科的知识（考试知识）是有其“熟悉程度”的，这个熟悉程度也是需要维持的。即使是你的强势科目，一学期不看，还能保持过去的程度吗？可以把查词阅读看成维持对词汇的“熟悉程度”，这样就更好理解了。

另外，有时查出来一个生词有多个意思，那么只标注在文章里出现的意思，这是因为我们是借助语境来学习的，语境里是什么意思就熟悉这个意思，有些词的某些含义从来没在阅读里出现过，说明这个含义很少考，这时，其实这个含义就是低频，没遇到就不理。

Q：四级和六级可以采用相同的学习方法吗？

A：四、六级考试模式基本相同，只是词汇要求有所不同。我自己几乎感觉不出难度上有什么区别，所以本攻略可以放心大胆地应用于六级，只把相应的书换成六级的就行。

Q：有些词查不到怎么办？

A：有些同学可能会遇到这个问题，有些同学则觉得都能查到。这是因为，《分频词汇》只关注大学英语四级大纲里的词汇，对它们进行分频，有些高中词汇是不收录的，如果你的词汇基础不好，中学词汇不扎实，可能会遇到很多未收录的词查不到的情况，这时最好用手机词典做辅助，遇到查不到的词用手机查出，然后补到词典里，每天复习也覆盖这些词，不过这种查不到的词一般相对简单，大家中学已经较为熟悉，很快会完全记住。

Q：句中没有生词为什么还是读不懂？

A：有时一个词不是生词，你知道它的意思，全句也没有所谓“生词”，但此句子的意思你猜不出，这时，如果有心，可以再查一次该句核心动词的意思，一般会有你不认识的“熟词生义”。

归纳来说，任何一篇阅读里的一个句子（限于大学英语四、六级考试），当你猜不出它的意思时，只有两个可能，一是有“生词”你没抄意思在旁边，硬猜肯定猜不出，二是有“熟词生义”你不知道。

以前做英语卷子，做过的卷子就是废纸，但按我的方法，带生词意思的英语卷子都是宝贝，存放好，经常翻一下，比任何单词本都好用多了。单词本离开了语境，不利于建立词形与词义的联系。

有哪些免费的学习网站和资源？

闹不住菇在搬砖

很多大学生都想在课本之外进行充电，学习一些新知识，但是对还需父母提供生活费的他们而言，选择价格高昂的付费网络课程太不切实际了。

接下来我就介绍一下，有哪些免费的学习网站和资源可供使用。

一、综合型在线学习网站

1. Coursera

该网站由美国斯坦福大学两名计算机科学教授创办，截至 2014 年共有 600 余门课程。因为 2013 年与网易达成视频托管协议，所以在访问速度和播放流畅程度上都完胜其他国外产品，同时也是国外在线教育产品中对中文支持最好的产品之一，许多课程都有提供中英文字幕。除了“微型专业”和认证的课程证书外，其余大部分资源都是免费的。

2. edX

这是麻省理工和哈佛大学联手创建的大规模开放在线课堂平台（非营利性网站），除了国外课程，也与国内顶尖高校北大清华等有联合线上课程，前不久上线的毛概课程就是清华提供的。目前课程总数超过500门，基本采用“Freemium”的模式，只有希望获得课程认证资格证书的用户需要交纳费用，其他均免费。有一个问题是，edX的课程教学视频依托于YouTube，打开方式不正确的话就看不到课程了。

3. Udacity

Udacity的课程偏向移动应用开发、数据挖掘、软件工程等IT理工类实用技能课程。因为是营利性网站，里面课程趋向收费，或者参与考试认证需要收费。虽然课程数量不如上面两家，但Udacity提供了一个就业匹配计划，里面包括Google、Facebook、Twitter等诸多硅谷公司在内，这些公司为Udacity提供奖学金或工作职位。

4. 网易公开课

前面说到的Coursera和网易达成视频托管协议，所以网易公开课上设立了Coursera专区，有Coursera的部分课程，除了不能申请课程证书外，内容并没有差异。在Coursera之外，网易公开课还有TED、可汗学院以及国内外高校公开课免费资源。网站上没有广告，站内内容完全免费，绝对担得起“良心”两字。

5. 网易云课堂

这是网易系旗下另一款综合型在线教育网站，和Udacity有点类似，以实用技能为主，兼顾高等教育和职业应用。发展比较快，已经有近万门课程资源，不过其中收费比例也比较大，免费的课程以实用技能、兴趣爱好为主，比较特殊的是大学计算机专业课程也在其中。

6. 学堂在线

这是清华大学自主研发的MOOC（大型开放式网络课程）平台，相对于国内其他MOOC平台起步都要早些，原本都是清华大学自己的课程，受众也都是校内学生，现在已经和斯坦福大学、台湾师范大学、复旦大学等国内外高校建立了合作和资源置换关系，课程数量超过500门，资源全部免费。

7. 中国大学MOOC（慕课）

这个平台是高教社“爱课程网”（爱课程网本身也是个不错的免费学习网站）和网易合作建设的，个人感觉就是国家精品课程的网络化，所以最特殊的地方是全部都是中文课程资源，合作高校也全部来自国内。目前，已经联合北大、复旦等53所知名高校，有600多门课程，资源同样全部免费。

8. iTunes U

这是苹果设备自带的网络公开课软件，以哈佛、麻省理工、牛津等多校的英文课程为主，中文课程比较少，只有香港中文大学、香港科技大学、中山大学、西安交大、国家开放大学等十来所大学提供中文内容，内容完全免费。

9. Khan Academy（可汗学院）

孟加拉裔美国人萨尔曼·可汗创立了这家教育性非营利组织，最主要的特点是讲课人从不出现在屏幕前，只有电子黑板系统出镜。可汗学院的课程包罗万象，数学、历史、金融、物理、化学、生物、天文学等学科科目都能找到，不过大部分都是比较基础的知识，比较适合入门。

10. TED

这是美国的一家私有非营利机构，最初是邀请杰出人士以技术、娱乐和设计为主题进行 18 分钟左右的演讲，后来主题越来越宽泛，每年都会通过 TED 大会等各种项目，邀请各界人士分享他们对于技术、社会、人的思考和探索。主旨是 Ideas Worth Spreading（让思想长上翅膀），演讲内容完全免费，国内访问速度也不错。

11. 均一教育平台

这是台湾创办的一个类似于可汗学院的教学平台，其中有超过 7800 个免费视频短片，涵盖了从小学到高中各门学科的内容，同时还能根据用户的学习程度随机生成习题，很适合以“翻转课堂”的形式，作为 K12 教育中线下教育的补充。

12. FutureLearn

这是一个由英国利兹大学、伦敦国王大学、伯明翰大学等多所大学联合发布的在线教育平台，全部课程都来自英国的大学，部分课程在考试或者发放证书时收费。与其他教育网站不同的是，该网站比较注重社交，可以随时关注感兴趣的用户在网站上的动态，并留言点赞。

13. iversity

这是一家德国的在线教育网站，大部分课程都是德语的，但也有英语授课，并提供带英语字幕的课程，课程内容完全免费。比较特别的是，iversity 没有选择与学校联合，而是直接与教师合作，要求教师个人上传课程内容。同时，iversity 上的视频提供下载。

14. Schoo

这是日本最大的MOOC网站，全部课程都是日语授课，以科技趋势、经营创业、商业技巧等方向为课程内容，网站受众也以职场新鲜人为主。Schoo 上有近万门课程，其中 80% 都以直播方式进行，也就是创始人所谓的“实时的在线课程”，一些课程限定付费会员才能观看，日语学习者可以考虑学习。

15. Open2Study

澳大利亚的这家在线教育网站提供英文字幕课程和课程证书。Open2Study 的课程都没有明确的开课和结束时间，用户想学多久学多久，想什么时候开始、结束都可以，真是一家“任性”的网站，也是拖延症患者的福音了。不过，它的课程和 edX 一样安置在 YouTube 上，看起来不太方便。

16. Udemy

这是美国的开放式在线教育平台，只要有一技之长，人人都能在 Udemy 上注册成为老师，传道授业解惑，类似达人教学。目前已经有 32000 门课程，800 万学生，规模相当大。不过上面免费的课程比较少，大部分讲师都希望出售自己制作的课程获得回报。

17. OpenupEd

这是欧盟的在线教育平台，目前有 185 门课程，大部分都是免费课程。在 OpenupEd 上，用户可以找到俄语、法语、意大利语、波兰语、阿拉伯语等 12 种语言的课程，一些课程还提供两三门语言，当然主要仍使用英语，学习小语种的朋友们应该会喜欢。

18. MIT OpenCourseWare

这是麻省理工学院开设的在线教育网站，你想要的 MIT 课程几乎都能免费找到！

19. 好大学在线

这是上海交通大学出品的 MOOC 课程，课程来自北大、上海交大、香港科技大学、台湾新竹大学等高校，内容完全免费。值得注意的是，如果用户本身是这些大学的在读生，通过好大学在线完成相应 MOOC 课程，可以获得线下学分。

20. 万门大学

该网站成立于 2012 年，因为最开始于人人网，后来又获得人人网的投资，成功地在学生圈中引起了不小的轰动。现在整个网站按照语言、中学、大学分为三块，各个课程学习不限时间，全部免费。比较特别的是，万门大学的课程不同于中国大学 MOOC 或者爱课程网等高校自主建设的 MOOC 网站，课程内容即大学课堂上的内容，万门大学的每个课程视频都是邀请老师重新录制的。

21. 超星读书

接触过大学图书馆的人一般对超星都不会陌生，这是一个强大的网络书库，如果有学校账户的话，别说通俗读物，即使是学术专著也能在上面免费浏览下载，简直是做研究和写论文的好帮手。

二、专业类在线教育网站

1. 多邻国

该网站堪称外语界的 Coursera，全部免费，缺点是使用中文只能学习英语，其他都只能用英语学习，所以英语真是一道躲不过去的坎。

2. Busuu

这是一家外语类网站，支持中文学习英语、德语、法语、意大利语、日语等各种语言，弥补了多邻国的不足，但部分高级功能需要付费才能使用。

3. 慕课网

这是国内一家免费学习 IT 计算机编程的网站，涵盖前端开发、PHP、Html5、Android、iOS、Swift 等 IT 前沿技术语言，包括基础课程、实用案例、高级分享三大类型，适合不同阶段学习 IT 技术的人群。

4. CodeCademy

这是国外一家计算机编程在线教育翘楚网站，在教学同时，注重互动趣味性，提倡轻松学习，课程资源全部免费。

5. Poynter's News University

这是难得一见的新闻传播学界专业的在线教育网站，英语授课，但访问速度和流畅程度都时好时坏。

6. Athlete Learning Gateway

国际奥委会开设的在线教育平台，是一家了解体育运动的免费优质网站。

7. MRUniversity

这是一家经济学科类在线教育网站，以英文授课，最新的课程还引入了关于中国经济的内容。

8. NovoED

这是来自斯坦福大学的商科专业在线教育网站（斯坦福大学真是高产），课程都有英文字幕，专业性较强，有部分课程收费。

9. kadenze

这是来自印度的在线教育网站，主要包括艺术、音乐、设计等方面的内容，用户能免费看到上面的所有课程，但不能提交作业、获得认证。

10. i 春秋学院

这是针对网络攻防、信息安全领域学习的专门在线教育平台，信息安全是一把双刃剑，善用可以成为白帽子，不善则容易走上黑化的道路。部门课程收费，适合对信息安全有兴趣的人群。

11. 高高手

这是站酷旗下的网站，那些说想学画画不知道去哪里学的，看这里啊！部分课程收费，对想学绘画、PS、摄影后期的人很有帮助。

怎么样，赶紧利用起来，开始你的大学进阶之路吧！

第一次写
学术论文无从下手怎么办？

欧阳笠

上了大学，就要开始写论文了，这可让一些全无经验的新生感到焦虑无比。

别着急，接下来我就告诉你，学术论文的写作其实也是有“套路”可循的。

大三时，我发表了一篇影响因子为“4”的第一作者文章。大四时，我又发表了一篇影响因子为“2”的第一作者文章。现在回头看看，当年发表的文章，无论是谋篇还是英语写作能力都很稚嫩，最后却都被期刊收录发表，这充分说明了一篇文章的好坏取决于有没有干货，和语言组织并无太大关系。

有的时候，我们会发现“积累了一些数据，却没有明确的结论”。这时你就需要分析——是根本没有结论还是没法分析出一个结论？

如果是前者，那此时讨论就没有任何意义了，你不如回头继续做实验。如果是后者，你就可以跟老师、师兄弟们讨论，吸取大家的新想法。对于后者，我想说的是“功夫在诗外”。当我准备做一个课题时，我事先就会看很多文章，找到一个观点，反复推敲并和老板讨论，然后写下计划，在写计划的时候，文章的大体框架就已经搭好了，只等着做完实验把数据填进去。等到实验结果一出来，分析几下，把论证一写，基本就完事儿了。

言归正传，不管是计划还是草稿，我的写法都是提纲挈领。

首先是搭架子。现在我写的论文，普遍都是一个模子：Title（标题）、Abstract（摘要）、Introduction（引言）、Method（研究方法）、Results（研究结果）、Discussion（论述）、Acknowledgement（声明）、Reference（参考文献），对待格式也都一丝不苟。即使最初一个字没写，光是这样的一个架子，也能给我底气，“哇，我都写了好多字了！”

接下来，我会把想到的观点写下来。不需要考虑句式，我有时就写几个短语，或者直接写中文。这个阶段，我也会干脆把别人的文章里的大段句子复制下来，当然我不是要抄袭，也不是教你抄袭，后面会提到这么做的原因。为了更方便，研究方法、参考文献也要填进去。等到这些东西都填进去之后，整篇论文看上去就丰满了很多，信心也就来了。

然后，我会把上一步写下的东西进行“旧瓶装新酒”。这时候不需要太顾及前后行文的逻辑，这个完全可以之后再处理。由于不少是直接复制别人的文字，所以你一定要细心改写句子，并注明出处，否则麻烦就大了。到了这一步，论文基本就有一个雏形了。

最后，修饰疏通环节。由于前面都是孤立的段落句子，因此需要将它们串联起来，形成一个完整的论述去说明一个科学问题。当然，也要修正语法和拼写错误，用 Endnote 把参考文献一处理，就可以提交给老师审阅了。

总结起来，就是分步走，毕竟步子大了容易出问题，搭架子—填材料—故事新编—大串联。至于英语写作能力这是需要训练的，初期可以找外国同学帮你最后把关。在 Ph.D. 阶段，我得到最多的评价就是“A Good Writer”（一个出色的作者）。老师每次拿到我写的东西都说像个 Well-educated Native Speaker（教育良好的英语母语者）。

总而言之，不要将学术论文写作视为一件可怕的事情，总结经验，耐心练习，总会出结果。

手把手教你写英文学术论文

Zeth

很多人在第一次接触英文学术论文的时候，往往会感到一头雾水，不知如何下手。

下面我就从开始研究说起，讲讲如何完成一篇英文学术论文。

一、查找、阅读文献，用文献管理软件管理

一般一个完整的研究都是从查找和阅读文献开始的，通过阅读大量的文献，你才有关于做什么研究（主题）、怎么做研究（方法）和研究假设的想法。

找文献，国内学校基本上是百链结合 Google Scholar（谷歌学术），国外学校就是学校图书馆结合 Google Scholar。文献管理软

件推荐 Mendeley。

二、写计划

就是把一里提到的成文，包括 Introduction（含假设）、Method（研究方法）和 Data Analysis（预计要怎么分析数据）。如果这个写得好，那正式的文章会稍微省一点力。至于 Introduction 怎么写，请看最后的图。

三、伦理委员会审批

对于涉及人和其他动物的研究尤其重要。之前曾发生过有违研究伦理的严重事件，参见 Cambridge Analytica（剑桥分析公司，2018 年 3 月以窃取 5000 万 Facebook 用户数据而闻名，后因此破产）。

四、做预研究

对小样本（小样本有多小，不同学科要求不同，不同研究主题要求也不同）收集数据，并按照之前的想法进行数据预分析。如果趋势和假设一致，那就继续进行正式研究。如果没趋势或者趋势和假设反了，要么重新找文献，看是不是有自己漏了的因素没考虑，要么改善研究方法（数据收集方法）。

五、正式研究，收集数据

在过程中或许也可以进行阶段性的数据分析。

六、数据分析

先用计划里设想的方法来分析，如果比较容易得出符合假设或者部分符合假设的结果，就可以开始写了。如果没啥结果，就慢慢进行数据挖掘。试用各种各样方法来分析，可能会有新发现，也可能没有。

七、根据数据结果完善 Introduction

如果之前写了计划，这个时候就是进行完善了。如果没写，就是从头开始写。一般而言，更为重要的是研究里用到的变量之间的关系（而不是这些变量本身），在此前有什么研究涉及。同时，去找拟投稿杂志的格式要求和文章来看，模仿格式、风格之余，更要按照格式要求来写。

八、按 Method、Results、Discussion、Abstract 的顺序完成文章

Method 和 Results 是最好写的。Results 按照假设的结构来写；

Discussion 以 Results 为基础同时看着 Introduction 来写，但是和 Introduction 结构倒置，具体还是参照文末的图。

九、初稿完成，然后做好起码改五次的准备

英语论文也没有想象的那么困难。初稿的时候就想着把东西写出来，是完整的句子，前一句和后一句接得上就行了，之后再慢慢改。

如果真的觉得很难开始，就先写 Method、Results，然后再写 Introduction，最后写 Discussion。但是熟练之后不推荐这么做，一来其实有点不符合规范，二来这样写出来的文章质量可能会比按顺序写的稍差。

下页图编译自：Bem. D. (2004). Writing the empirical journal article. In J. M. Darley, M. P. Zanna, & H. L. Roediger (Eds.) The compleat academic. A career guide (pp. 185-219). Washington, DC: American Psychological Association.

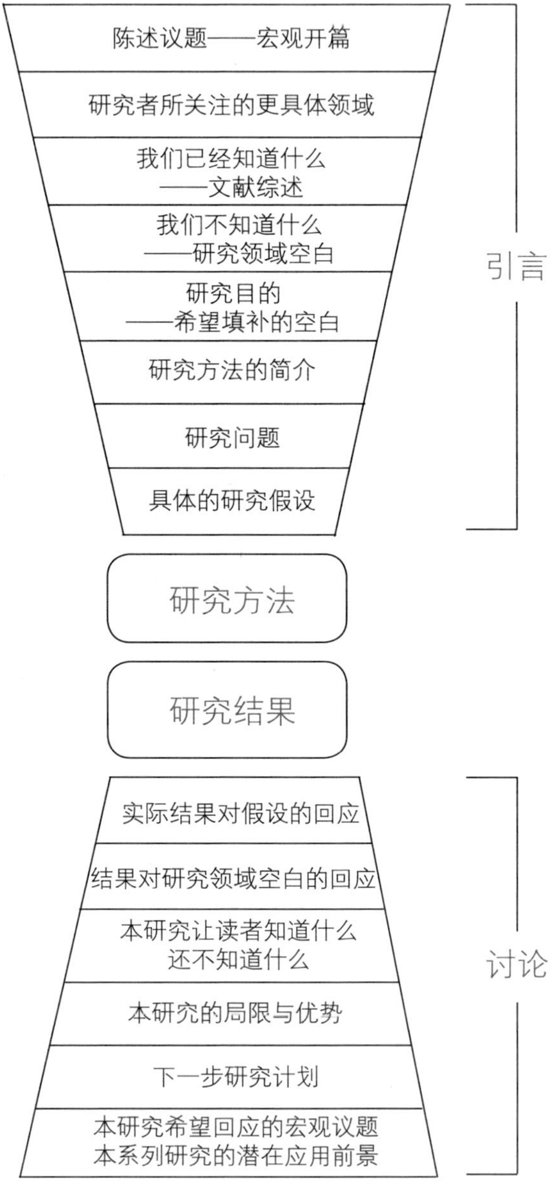
陈述议题——宏观开篇
研究者所关注的更具体领域
我们已经知道什么——文献综述
我们不知道什么——研究领域空白
研究目的——希望填补的空白
研究方法的简介
研究问题
具体的研究假设
引言
研究方法
研究结果
实际结果对假设的回应
结果对研究领域空白的回应
本研究让读者知道什么还不知道什么
本研究的局限与优势
下一步研究计划
本研究希望回应的宏观议题本系列研究的潜在应用前景
讨论

如何在短期内写好一篇毕业论文？

Hoiden 晶晶

大四下学期很多人都面临着一手抓工作一手抓学业的情况，在白天忙着找工作的同时，晚上还得为毕业论文头疼发愁。

所以我想凭着自己的论文写作经验来谈谈，如何在短期内写好一篇优秀的毕业论文。

一、确定选题

一般而言，每个学科里都有很多的方向，每个方向下面又有很多的话题，而一个好的选题需要做的就是把话题细化为问题。

如果想要让我们的主题高大上，可以在题目中加上“研究理论”或者“研究模型”。

比如“×× 企业员工激励机制存在的问题及对策初探”，可以改成“基于马斯洛理论的激励情境分析及其治理路径——以 ×× 企业为例”。“马斯洛理论”体现了理论化，“激励情境分析及其治理路径”体现了专业化，“以 ×× 企业为例”体现了具体化。

具体化、专业化、理论化足以让你的论文选题出彩不少。

二、拆分主题，根据关键词进行主题阅读

1. 拆分主题，扩展主题

如果论文主题是关于“×××× 的对策研究”，那么论文内容就一定包含现状、存在问题及相应的解决对策，比如选题为“地方科技社团承接政府职能转移的对策研究”，那么就可以把关键词划分为“地方科技社团”“承接政府职能”“问题分析”“对策研究”四个范畴，在中国知网上对它们随意组合进行搜索。

当然，仅仅按题目字面划分出关键词，再搜索而来论文数量有可能是远远不够的，还可以通过以下几种方式将主题扩展。

（1）近义词搜索：如“新媒体”，可以改为“社交媒体”或“互联网”进行搜索。

（2）“从小到大”：比如“科技社团”，可以扩展为“非政府组织”“非营利组织”。

（3）“从大到小”：比如“信任”，可以缩小为“人际信任”“交易信任”等。

2. 主题文献阅读

确定了主题就要进行主题阅读，主题阅读并不只是泛泛地看大量文献，还需要一个整理的过程。一般阅读相关主题的 10 篇高质量论文，便能够大致了解这个主题的研究现状和已经被提出的基本观点。

主题阅读可以从横纵两个方向阅读，该怎么读呢？

（1）纵向阅读：对关键词拆分论文阅读，例如今天看的是“××× 中现存的问题”，就只对 10 篇论文里关于现存问题的部分进行归类整理，便于总结。

（2）横向阅读：精读每一篇论文，通过看摘要明确该文章研究的问题，为解决这个问题，作者提出了什么样的研究方法，作者是如何进行分析和解决问题的，最后作者得出了什么研究结果，思考这个结果的合理性。

3. 建立关键词之间的联系

在明确研究问题之后，就要根据研究问题找对应的原因，最后根据原因提出对应的解决方案。这是一连串有先后关系的关联线，清楚彼此的关系，写作起来才不至于混乱。

4. 列出论文框架

（1）为什么要构建框架

a. 明确写作的思路

论文题目往往会成为一个大问题，很多同学都面临着拿到题目无从下手的困境。写论文基本上有一个通用思路：

第一步是说明选题提出的原因和背景，第二步是归纳选题的现状，第三步是指出选题当前存在的问题，第四步是点明这些问题产生的原因，最后一步是提出解决问题的方案。

b. 分解框架成为任务，并落实到具体行动

有了大框架后，第一步就是进行任务细化，比如计划一天完成一章或两天完成一章。第二步是将每一个一级标题细化出二级或三级目录，便于进一步量化计划，例如第三章的内容是“现状分析”，现状怎么分析？分为什么内容？用多长时间写这一章节？这些都需要在大框架的基础上进行细化，该查找资料就查找资料，查完资料该重新组织就重新组织，最后将计划落实到行动上。

c. 便于检查论文的完整度

一篇毕业论文往往都是上万字，在写作过程中出现“写了开头忘了结尾”是很正常的事，但在大框架之下写作，容易掌控自己论文的进展和完成情况。

（2）怎么构建框架

a. 构建大致的一级标题框架

参考学长的优秀毕业论文结构，或者看看知网上硕士论文的结构，构建一个大致的一级框架。

b. 不断修改调整

构建完的框架还要根据写作内容做适当的调整。举个例子：我在撰写论文时，原本将“案例分析”专门分为一个章节来写，但是在实际写作中发现，对案例的分析完全可以融入 “问题提出”和“对策分析”两个部分，单独拿出一个章节写作就显得有些赘述。

（3）通用框架

论文往往都是由开题内容和论文正文两部分组成。开题内容的框架基本可以通用，可以放在正文的“绪论”或者“第一章”部分。

5. 合理分配撰写任务

（1）规定较短分散的论文写作时间

每个人专注的时间都有限，更何况是面对写毕业论文如此枯燥的事。所以可以适当地缩短写作时间，分散到早上、下午、晚上不同时段，各抽 1 小时，来解决拖延的现象（具体分配还是看各自习惯）。

（2）任务分解

根据上文列出的论文框架建立一个日程表，细化到日计划，例如五大章节花费 10 天写完，每天写两个小章，每天花 3 小时，只有当任务被量化的时候，行动才会有保证。

（3）选择适合写作的时间段

6. 关于查重

每个学校的查重标准不同，但是专业领域的通用词汇那么多，全网的论文又那么多，随便写点什么都可以找到相似的句子与段落，所以在“降重”的这条路上我们还有很长的路要走。

我的学校是以知网为查重平台的，所以我就以知网为例，说一些“降重”小技巧。

（1）慎重选择工具。首先要说明的是，网上有很多查重平台，价格少到几块钱多则大几百，便宜和贵的最大的区别就在于贵的包含“全国大学生论文库”，即收录了所有大学生的毕业论文，而学校最终查重都是包含“全国大学生论文库”的，这就是为什么很多同学明明在淘宝上买的几块钱的查重通过了，最后学校查重却没有通过。因此，在选择查重工具时要慎重。

（2）多参考外文资料。在知网的查重数据库里，外文文献较少，所以如果将外文文献翻译成中文的话，可以大大降低重复率。

（3）注意公式编辑器的使用。在知网查重时，检测系统只能识别文字部分，论文中的图片、Mathtype 公式都是检测不到的，所以在编辑公式时，可以采用 Mathtype 来代替 Word 自带的公式编辑器。

（4）将表格、结构图做成图片。如果论文中的表格、结构图里的内容有很大的重复部分，可以在幻灯片或文本中制作好以后截图保存，以图片形式放置到论文中。

（5）不直接引用他人观点。在知网查重是以“连续多个字重复”作为识别标准的，所以只要不连续多字重复，就检测不到。因此，在论文中想引用他人观点时，不要直接复制，每句话看完以后，尽量用自己的话把大概意思写出来。

这样，一篇优秀的毕业论文就大致完成了。

不知道怎么整理学术文献？

nerfing

不光写论文是个难题，整理学术文献也是让很多大学生头疼的问题。

我认为整理文献的主要目的是，让自己在任何条件下，都能快速找到所需信息。任何详尽的分类，都不如好用的搜索工具。

我的整理思路是：重搜索，轻整理。重搜索，是指利用不同的搜索工具，快速定位到所需文献。轻整理，是指不对文献分类，或者只对文献简单分类。

在现在搜索技术已经很强大的情况下，如果利用笔记等手段整理，反而容易造成条条框框，造成对一篇文献的关注时间过长，不利于提高效率。除了在文献 PDF 上直接标注，我很少用其他软件去记录看过的文献。因为除了文献本身，没有其他载体能够详尽提供所需信息。所以整理文献的问题就成了如何快速找出那篇有笔记的

PDF 文献。以此为目的，我建立了一套以文献 PDF 云同步为基础，辅以大量搜索工具的文献整理方案。

其实做过科研工作的人都会发现，真正需要把一篇文献从头到尾读完的情况是很少的。在大多数情况下，需要的其实是大批量多轮次地阅读文献，因为在一个项目的不同阶段，哪怕是同一篇文献，所关注的信息点也是不一样的。如果在项目初期就对所有的文献，都投入同样的时间，阅读同样的深度，势必会浪费大量时间。我曾经也走过文献整理的弯路，每阅读一篇文献，都会在 Onenote 上建立一个条目，按照文献题目、创新点、实验过程、个人感想等分别填空。但是文献读得多了之后，我觉得这个方法效率不高，用的频率也越来越少了。

我现在主要以 Mendeley 建立电子文献索引为主，并以云端同步 PDF 文献为主要储存手段，通过 Everything、Google Scholar、桌面搜索软件、Onenote 笔记等多种搜索手段，快速找到自己所要的信息。

下面就是我的一些经验之谈。

一、构建文献库

在新项目开始之前，我会在 Mendeley 中根据不同项目，建立一个新文献库。

比如现在需要关注一下微流控单细胞测序的最新发展，我就会在 Web of Science 搜索 Microfluidic Single Cell Sequencing，搜索结果显示有 214 篇文献。我会把 214 篇文献的题目先全部浏览一遍，下载其中大约 100 篇并快速阅读，最后会剩下大约 50 篇文献。

把下载的文献拖进 Mendeley，建立原始的文献积累。Mendeley 会自动提取文献信息。设置 Mendeley，使其按照文献的发表年份、期刊和文章题目将文献 PDF 文件重命名，并将 PDF 文件自动整理到同一个文件夹中。

之后将这些下载的文献通读一遍。一边阅读，一边在文献 PDF 上做笔记，这样就不用另外开一个软件写笔记，并可以对自己感兴趣的信息直接标注。哪怕打印了纸版的文献，也可以在看完后按照纸版笔记在 PDF 上标注，最大可能避免信息碎片化。将这个文献文件夹用 Dropbox 云同步，这样在不同的电脑上也可以阅读同一份资料。

二、搜索文献

第一重搜索，利用 Everything 的强信息搜索。

我习惯把一篇文献的发表年份、期刊和文章题目看成一篇文献的强信息，我一般会对文章发表年份和所在期刊有很深的印象，而文章题目又提供了文章中最主要的信息。在构建文献库的时候，Mendeley 已经根据文献发表年、发表期刊和文章题目对文献 PDF 自动重命名，利用 Everything 就可以在本地实现文献的第一重搜索。

如果搜索目标很明确，比如我现在想找一篇之前在 Nature Drug Review（自然药物评论）上看过的关于 Drug Combination（药物组合）的文章，由于关键词很明确，用 Everything 直接就从本地找到了，耗时不超过 3 秒。

第二重搜索，利用 Google Scholar 的模糊搜索。

如果搜索目标不那么明确，“总感觉有些文献读过就忘记了，想用的时候想不起来”；或者想找一些特定的问题，不确定本地文献有没有。这个时候我一般会输入所有能想到的关键词，上 Google Scholar 搜索。比如有的时候，我需要某一种酶底物的合成路线，我只是依稀记得法国 Andrew Griffiths（安德鲁·格里菲斯）课题组似乎有做过类似的研究，于是我就把关键词“France Andrew microfluidic enzyme substrate”全部输入到 Google Scholar 中搜索。然后可能会找到一些已有的文献，就可以根据文献名，用 Everything 在本地快速找到对应的文献。

如果一些文献本地没有，那就直接下载 PDF，阅读后在 Mendeley 建立本地索引。

如果想要搜索特定的某句话，或者在写文章的时候想对一些说法进行佐证，就可以用 Mendeley 的搜索工具。

三、轻整理部分

之后随着进度的推进，一个文献库下的文献慢慢变多，这个时候就需要在 Mendeley 中建立子文件夹了，也就是传统意义上的整理。

不过我不赞成把文献归类做得过细。在一个项目下简单分类，使每个子文件夹中的文献尽量不超过 50 篇，再通过发表年份、期刊名、作者名等信息也可以很容易找到所需的文章。

但是我不会等文献很多了之后才去建立子文件夹，而是会在平时读文献的时候，根据一个项目下的不同问题，建立一些小的分类。在 Mendeley 中，同一篇文献是可以归入不同的文件夹的，所以在归文件夹的时候也不用太纠结。

Q&A 小环节

Q：为什么用 Mendeley 构建文献库？

A：我用 Mendeley 而不是 Endnote 构建文献库，主要是因为 Mendeley 是我用过所有的文献整理软件中，提取文章题目、发表年份和期刊等信息最准确和方便的。当你看到一篇有意思的文章，只需要导入 Mendeley，它就会自动提取文献信息建立条目，并将文件拷贝到指定文件夹中。其他的软件，要么是提取文献条目的准确度不高，要么就是建立文献条目非常麻烦，需要花费大量的时间，会大大降低文献阅读效率。

Q：为什么用发表年份、期刊和文章题目将文献重命名？

A：我认为这三者是一篇文献里最直观的信息，这三个信息在之后的搜索中会经常用到。

Q：为什么要将所有的 PDF 文献放到同一个文件夹下？

A：把所有的文献全部放到同一个文件夹下，这样在其他项目中如果再用到该文献，就可以打开同一份 PDF 文件。之后要阅读文献时，只从这个文件夹中打开文献就可以了。这样做的好处就是，把所有的文献和笔记信息全部集中化了，不会造成信息碎片。

最后，我想说的是，任何文献整理软件都不能代替人对文献的阅读，任何时候，读懂文献中的信息永远是最重要的，整理软件只能够帮助你更加快速地找到所需信息而已。

只需五步，轻松搞定文献综述

新东方烹饪集团

本人是“211”大学的一名在读研究生，本学期刚被导师逼着写了篇英文综述，磕磕绊绊，但是在摸索的过程中，水平提高了很多。

2017年10月前被告知要写篇综述，直接导致国庆假期没回成家，折腾了一个多月后，文章出炉，36页，1.2万字（摘要没写），引文109篇。工具就是Word2007和EndnoteX7。

一、准备足够多的文献资料

我当时开足马力前前后后下了两百多篇，沾点边的也下了，比老师给的大概数字多一倍。学校内网里的Web of Science和Science Direct就够用，我最后发现还是Google Scholar最给力。

像文献右边有 PDF 标志的，直接点就可以下，数据库都不用进。

那种相关高质量的综述，可以重点关照。我主要依靠的就是两三篇看起来能用的综述。

二、文章下载了是要看的

当然，一口气下了几百篇文章，不可能每篇都全文阅读，而且全部全文阅读也没多大用。不过相关的综述是一定要读的，而且要读熟，所研究方向的名家和著名文献也是要读的，这些文章顶多十几篇，至于剩下的文章，看看 Abstract、Introduction、Conclusion（结论），明白大概就可以。Discussion 可以不看，Material and Method 也不用看。

每一篇至少都要浏览一遍，知道是干什么的，要不然后面没法分类。

三、文献分类

我当时用的 Endnote 对资料进行分类，方便引用，还能标明等级和备注信息。

很多文献实在下不下来，但是是可以引用的，只是没有 PDF 文件，也就是左边有小回形针标志的那些。这种都归到二级文献里去，能用的用，不能用再说。

我当时用了几天时间，把文献分好类，然后大概过了一遍，后续工作也因此顺畅了不少。

四、写大纲

设想一下，自己的文章由几部分构成，比如研究概况、影响条件等，写出一个目录来。每个标题象征性地填充点东西，可以直接从相关的文献综述里摘，粗糙点也不要紧。

接下来就是往标题里填东西了，最好的办法从现成的文献综述里摘取，去分好类的文献里面的摘要和结论中摘。尽量避免大段摘取，明白综述作者的思路再自己拆分。

总之把文章填出个雏形就好。文章最后是要整体改的，这只是提纲部分。

我当时写好的提纲不到一万字，也就三十页出头。

参考文献部分用 Endnote 就好，Endnote 使用起来能够大大加快文章进度，引用文献极其方便。

五、充实和调整

这一步是比较费时间的，你需要从头开始慢慢磨合和调整，包括语言的润色、逻辑的打理、句子和句子的语序调整、段落之间的搭配、细节格式的调整。总之尽量保证语句通顺，逻辑合理，格式上不出太大问题。

英文文献综述写起来有困难的话，不妨用翻译网站辅助，个人感觉百度翻译比谷歌翻译好用。

Introduction 之类的需要自己慢慢构思来写，比较费时间，Introduction 部分建议不要分太多段落，三五段足矣，每段几百词即可。最好一边写一边参考综述，比较重要、想要写好的部分，自己消化之后再写出来。

多把对重要人物表述的引用放在显眼的地方。

开头和结尾用心写，注意逻辑的衔接。

这样全篇过上两三遍，文章就可以看了，想写得再好点不妨多修改修改，尽量用自己的语言来表述，表格、插图该放就放，让内容尽量丰富起来。

这样，一篇文献综述就基本写成了。

Chapter 4

脱胎换骨，如何让大学生活不留遗憾?

人的本质果然是孤独。
接受它，学会与你的孤独和平相处。
没关系，这是人成长过程里的必经之路。
慢慢来，一切会好的。

要读书，也要磨炼心智

Lachel

读书永远学不来的能力，是放下书、走出去行动的能力。

读书肯定是好事，但也容易令人产生这么一种幻觉：读过某些道理，便以为自己懂了。读过人心鬼蜮、云诡波谲，便以为自己世事洞明，觉得世上之事不过如此，自己只是没遇上而已。

这是十分可怕的。

之前有一个引发热议的问题，叫“为什么知道了很多道理，却还是过不好这一生？”

答案其实十分简单：

我们的一生是由无数个选择构成的；而人在做出选择的时候，往往是非理性的。

这就是人最大的弱点：人是受情感驱动的，因而是脆弱的。读了再多的书，学会了再多的道理，但在面对实际困境的时候，往往派不上什么用场。

你知道要学会投资自己，并期望在未来收获机遇，但当你结束了一天的劳累，你是否真的能关掉美剧和电影，强迫自己去好好读几页英语？

你知道理性的人追求边际效益，不考虑沉没成本，但当你真的面对抉择，要放弃你坚持了两年、三年、五年的东西，你能够放下执念吗？

你知道做出决策时要排除情感干扰，权衡各方面利弊，可当你真的面对能左右你未来十年的选择时，你是否真的能做到心如止水？还是犹豫徘徊、举棋不定？

你是否有过这样的经历：在身心俱疲、状态极度不好的情况下，还得硬着头皮去做你不愿意的事情？比如应酬、跑客户、看房子，又或者面对日常生活里繁重的琐事。而你这样煎熬，只是为了维护自己小小的安定的环境不至于支离破碎。

你是否感受过那种在命运面前，在整个社会面前深深的无力感？

你是否体验过被朋友背叛的心寒，一个人在深夜醒来的孤独，每天奋斗 12 小时仍看不到未来的灰暗，肩负着债务，忙到没时间喘息的绝望，与机遇失之交臂的遗憾，怀疑自身能力乃至生存意义的虚无感？

这些东西，都是读书无法帮你解决的。

书可以告诉你很多道理，但永远给不了你面对困境时强大的内心，以及做出选择时坚决的心境。

这两样东西，只有当你经历了很多事情，沮丧过、失望过、痛哭过，才能真正地把握到，也才能真正地拥有。

你会发现，生命中有许多寒冷和深渊，只能够自己去面对。它们考验的是你经过千锤百炼，即便刀削斧劈也难动分毫的内心。没有谁能够代替你去承担，也没有哪本书能够帮你去抵抗。

知行合一，最难的永远是行。如同知乎网友药师所说，读书和阅历永远是互补的关系。可惜的是，许多读书人最大的误区就是以为读书可以代替阅历。

读书可以给你力量，但如果想造就一颗强大的内心，就需要提高对痛苦的阈值。也就是说，你必须一次又一次地去经历痛苦，或许是风险，或许是损失，或许是恐惧，或许是你所厌弃和排斥的事物，直到你能够承受痛苦，你才能不被痛苦所左右。

没有哪一本书能够教会你这些，一千本书、一万本书也不能。

然而，这恰恰是读书最大的副作用。读书的本质，仍然是一种“舒适区”。

读书的时候，你是在旁观别人的生活，始终没有参与其中。书中的悲欢离合，是主角的故事；书中的艰难决策，也是主角做出的。你始终只是一个观察者，永远体会不到面对困境的绝望和无力。

所以，很多时候，读书，或者说埋头于读书，其实是一种逃避恐惧和风险的行为。在书里面，你永远是安全的，永远不会被卷入现实的风暴中。也因此，你失去了真正磨炼自己的机会。

甚至，它会给你这么一种错觉，你读过了许多故事，自以为明白了许多道理，但你并不是真正明白，只是自己认为明白了而已。

当你真的遇到书里的情形时，即使你知道正确答案，你有勇气选择那一条路吗？

我渐渐发现，读书多的人，大多有这么一种倾向：遇到任何一件事情，喜欢先退一步，好好思考，等考虑完，再决定要不要前进。

而结果往往是：算了，还是不要前进吧。

所以，好好去体验身边的生活，去做一些平时想做但不敢做的事，去挑战自己的极限，去感受各种不同的经历。不要怕风险，也不要怕损失。书可以教会你各种各样的招式，但如果你不在实战中用出来，就永远算不上一个高手。

这些道理，只有上了大学才知道

痕量 Brant

有人说高中很忙，忙得理所应当；大学有时也很忙，但是忙得莫名其妙。

大二结束升大三的时候，我对自己“忙碌的”大学生活有了一番彻底的思考，或许谈不上深刻思考吧。希望能引发一些大学生朋友的思考，因为你们自己的思考才是更重要的。

这个思考就是，如何平衡课业学习（算入绩点）、技能学习（隐性竞争力）、社团活动和兴趣爱好。

一、课业学习

专业前几名还是前百分之几，你是如何制定学习目标的呢？

现在很多优秀的人简历动辄都是专业第一，但是真正实操的时候，专业第一或是前几名其实是一件很缥缈的事情，你不知道自己要付出多大的努力才能立于不败之地。

而对我和大部分同学而言，用百分比制定目标才是比较实际的选择。

大学生的成绩大抵遵循正态分布，像一个钟形，而性价比比较高的选择则是定位在中等偏上。

对不同的人而言，学分的意义是不同的。保送的人一定要过保送线；已经挂过科、立志要考研的朋友，不用过分考虑学分；对要工作的人而言，学分的意义也没有那么大，职业技能的学习反而重要些。

当然课业成绩还直接关乎奖学金的评定。从大二开始，我就给自己制定了一个很简单的目标——当年一定要拿到钱。有时候绩点的数字并不直观，但是拿了几次奖学金却可以很直接地说明问题。

其实奖学金多少钱并不重要，重要的是那个奖项是对努力的一大肯定。

所以最终我决定平时不花太多时间在课本上，上课好好听，下课第一时间把作业做好，下一次上课前花 15 分钟复习一遍，其余时间就不管书面学习的事情了，痛痛快快地玩。

然后在期末提前一个月集中猛攻考试，说实话，我最终的考试成绩还是不错的。

有的人每天除了上课，就是捧着书去自习室。希望你们能停下来思考一下，这样做快乐吗？效率高吗？可不可以劳逸结合呢？

如果你拿出别人三倍甚至五倍的时间去死学习，那回报率实在是低了，人家认识了新朋友，还把整座城市都玩成了第二故乡，而你可能只是一个图书馆里的暂住者。

二、技能学习

很多专业越往后越面临着细分的可能。

大二结束的时候，我也有考虑过是继续目前实验室的病原微生物研究，还是做一些结构蛋白的内容，或是去做一些艾滋病病毒的课题。

最终我还是选择了做病原微生物，并非因为我将来的志趣在此，而是那时设计的实验手段不仅涉及微生物，还可以做到细胞和蛋白水平。说到底是对能力的全方位培训。

我相信在找实习或是实践锻炼的机会时，先学着当一名初级万金油更优于专攻一项技能，毕竟博士读完了研究方向还有可能说变就变，但是学习的能力是不会变的。

英语也是很重要的一点，因为提前知道会有几次英语笔试、面试，虽然不是必须准备托福、雅思考试，但是基本的语感和词汇量还是要一直维持的。

三、社团活动

大二结束的时候，意味着你有更多的机会去当一名社团组织的负责人了。

我当时面临两个选择：一是在院里学生会当正主席（当时是辅导员和上届主席联名推荐，最终很可能走等额选举）；二是做院里某学术类组织的负责人，在我接任以前可以说是一个不太正规的组织。

当正主席的优势更多是在荣誉和形象方面，同时也非常有助于打响个人知名度。但是真正涉及各个部门的日常活动，其实学生会的正主席很难有话语权，而且还常常背锅。而当一个独立组织的负责人，虽然金钱方面一个学期只有四百块预算（意味着外联要自己搞定），但是活动可以办得随心所欲，招的人数和分工都可以更有弹性。

所以最后我选择了后者，第一个学期我带着办了许多博物类和经验分享（如何走捷径复习专业课）的活动，获得了很多关注。第二个学期我慢慢让学弟学妹一起合作策划活动，很顺利地完成了交接，组织在学校的评比也拿了理科类第一。

最终可以说是没有什么遗憾。而且那年宣传的时候，我们用“在活动中把学习也搞上去”的口号，收到了和学生会一样多的纳新表，组织也变得像那么回事了。

当然学生会也办得非常有人情味，但是我觉得学生会主席的工作会超出我的负荷。陈力就列，不能者止。

四、兴趣爱好还有兼职赚钱

以前我非常爱出去溜达，周末早晨出门，天黑了再回宿舍。后来是早出晚归地当家教，再加上打打排球，在泳池里泡上几小时，周末很快就没了。

随之而来的是不可避免的焦虑：我是不是每天都在浪费时间？

但是后来我意识到，正因为是在周末，有效的工作时间反而是不多的。不如给自己设置比较简单的目标，把周末专门匀给赚钱养活自己和吹拉弹唱这些事情。就连看美剧和综艺，我也都放在周末了。

周末的时间有限，无形中又把娱乐时间压缩了。

虽然从源头控制了自己的娱乐时间，但是我还是很开心的。该追的动漫番剧没落下，热门美剧也没有错过热点。

我觉得每个大学生都应该有自己生活的侧重点，或者愿意花时间投入的事情，所以不应该照搬别人的处理方式。上大学与过去最大的不同是选择多样化，最应该具有的能力其实是剖析自己，再重新拼接、认识自己的能力。

比方说，你要是清楚自己晚上学习效率低下，那就别待在自习室里玩手机了，白天趁着下课的时候，把该自习的内容做好，晚上再玩。对我来说，我在晚上 7 点钟的时候特别容易打瞌睡，所以我不选晚上 7 点的课，也不会在 7 点的时候去自习。

大学时期最深刻的思考，大约就这么多。

总觉得和大学室友不亲近，怎么办？

周意悦

越长大越意识到，做朋友是要讲缘分的。不是你喜欢一个人，想和她做朋友，努力靠近她，你们就能无话不谈、惺惺相惜、形影不离的。

高中的时候，大家的心思都很简单，只想着努力学习考个好大学，目标一致，宿舍、教室、食堂三点一线，活动的空间也几乎是重叠的，再加上都是一个地方的人，风俗习惯、思维方法也都差不多。只要自己不是太奇葩，基本上关系都不错。

而进入大学后，情况就很不一样了。一个宿舍的人，来自五湖四海，生活环境不同，脾气性格不同，为人处事也有很大差异。很多时候，相安无事已经很难得了，何必强求关系很好亲亲热热呢？

与人相处是一门艺术。人的心理颇为复杂，总是有种种微妙存在。有时候，可能你没做错什么，她们也没做错什么，你们的关系就突然莫名其妙变得尴尬疏离，甚至水火不容。

我想，已经上大学的你，不能再用高中时期的标准来衡量大学生活。环境在变，你也在变，很多观念也应该变一变了。

首先呢，真的不要再想着，可以和大学舍友像高中时那样亲亲热热的。做朋友是要看机缘的，三观相合，性格投契，又有共同语言的，或许才可能成为知己。而人一生有三五知己已是幸事，其他大部分人，以礼相待，能帮则帮，大家保持一定距离，友善亲切，无关紧要之事也能谈笑风生，嘻嘻哈哈。这样不也很好吗？

大学宿舍更多来说只是一个睡觉的地方。做好自己的事，不要给别人添麻烦，不要打扰影响别人。对别人多迁就体谅些。求一个和谐平静也就是了。朋友分为知己和普通朋友两种，你不能要求每个人都喜欢你对你掏心掏肺。

其次，很多时候不要太依赖身边人。你努力帮别人，这很好。但是别人没有义务一定要帮你，关心你，在意你，设身处地为你考虑。好比说你生病了，为什么她们就必须得急急忙忙跑来把考试重点告诉你？为什么就要关心你有没有好点，现在怎么样了？想知道重点可以自己先问她们，她们不告诉你也没什么大不了，再去问别人就是了。生病了就好好吃药，努力好起来，努力让自己开心点。

不要太把自己当回事，不要奢求所有人都会对你很好。

也不要太把别人当回事。除了你的父母亲人、你的知己良朋，其他人，在意那么多干什么呢？别人做什么，都伤不到你。如果有事的时候别人叫你出来扛事，大可不必觉得难过，想办法拒绝就行了。如果别人看你平时挺主动挺热心，于是有什么事都会先想到你。那么下次再有事，你就假装有事躲出去，或者笑着找借口推拒了，几次下来这些人也就不会找你了。

大学里，努力学习，参加活动，了解这个世界，也好好了解自己。做你想做的事，让自己开开心心的，交些真正跟你聊得来对你好的朋友。只是，做朋友要讲缘分，做一辈子的朋友就更是缘分中的缘分。如果有一天，你们的阅历、所处的阶层有了很大不同，感情渐渐淡了，不再联系了，也要心平气和地接受。漫长人生里能携手走过一段旅程，相互理解、支持、照顾，真的已经很好了。

这样说来，人的本质果然是孤独。接受它，学会与你的孤独和平相处。没关系，这是人成长过程里的必经之路。慢慢来，一切会好的。

最后还想说一点，不要随便鉴定别人。舍友是整天玩游戏还是整天泡图书馆，都与你无关。只要不是人品有瑕疵，没有做对不起你的事，你都不应该去评论别人的行为，不应该带着满满的优越感去看不起对方。每个人有每个人的路，每个人有每个人的选择。你也只是站在你的价值观上觉得别人颓废、不上进，或者有些人只是想做一个平平凡凡的人，拥有普普通通的生活就好了呢？

我希望，你不跟一个人做朋友是因为性格气场观念不合，没有做朋友的缘分，而不是因为觉得自己是狮子（生来优秀）因而不屑于跟豺狼（普通人）为伍。不要随便看不起别人，也不要轻易地自惭形秽。这世上永远有比你优秀的人，也永远有比不上你的人。有什么好比的呢？努力做好自己，追求自己想追求的，让自己快乐幸福，用自己想要的方式度过一生，就是最大的成功了。

永远不要功利地交朋友，那叫人脉，而不是朋友。不要只想着跟能力优秀的人交朋友，而要跟真正善良、品格高尚的人做朋友。

不要想着这些人五年之后就再也没有交集了，打好关系也没用，在这短暂同路的几年里，相逢即是缘分，我们要做好自己能做好的，释放最大的温暖与善意，不刻意讨好，也不追求独行，凡事无愧于人，无愧于心。

我一直认为，个人的优秀跟与周围人维持良好的关系是没有什么大冲突的。或者，有些人遭到周围人的排斥，归根结底不是因为他们的优秀，而是他们不懂得人际交往的艺术，说话做事中可能让人误会了。不同的人或许会进入不同的圈子，但有些不可避免的社交，与身边人和谐相处也是最基本的。

如何看待大学里的社交？

针影

前段时间一个本校的学妹和我互加了微信。成为好友之后，我迅速浏览了一遍她的朋友圈，知道了她目前从事给人拍写真的工作。看她朋友圈里晒的那些客片，不管是光线的运用、模特的妆容还是后期的处理，都非常完美，作为一只只会看不会拍的菜鸟，我很想学习，便跟她聊了起来。

她问我："你不是不和其他粉丝聊天吗，怎么回复得这么快？"

我回答："几乎不，发消息的人多，聊不过来只好全忽视。"

知道我想学摄影，她话锋一转，问道："如果我不会摄影，不能教你一些技巧，你还会和我聊天吗？"

如此尖锐的提问，让我措手不及，顿时语塞，不知怎么回答。

她继续说道："应该不会吧？我应该会和你微信上的几千好友一样，加完后就躺在你的列表里，不管发再多消息也会被你忽视，对不对？”

被她一口说中，我羞愧难当，仿佛自己是个很势利的小人，罪大恶极，只有在别人对自己有好处的时候才会想去认识他们。我很紧张，又庆幸是隔着屏幕和她说话，不用把自己尴尬的窘态展露在她面前，但这依然让我很难堪，就像用来粉饰自己的虚伪的面具在众目睽睽之下被人毫不留情地撕掉，一时间，我整个人都是赤裸裸的，无处遁形。

我很想回复她说不是这样的，努力为自己可怜的自尊挽回一点颜面，但我没有勇气撒谎，因为我觉得她太聪明了，聪明到只要我一说谎，她立马就会拆穿。

然而接下来却是一个意想不到的转折。我原以为她会发表一些含沙射影的话来谴责我这种势利的行为，出乎意料的是，她并没有这么做。

她说：“但我不觉学长这样做是件过分的事，相反是理所应当的，如果我不会摄影，我们就不会有共同的话题，我说的话吸引不了你，你自然不会想和我聊，更不会想要认识我，如果是这样，我只会怪自己没有闪光点能引起你注意。

“同样的，如果不是学长写的回答让我喜欢的话，我也不会加你的微信，不会告诉你拍写真的技巧，这也不是我小气，只是我不想在不感兴趣的聊天里浪费自己的时间，所以本质上，我和学长是一样的。

“我们都喜欢和优秀的人聊天，因为这个人优秀了我们才能看到他，哪怕他的优秀对我们来说没有利用价值也没有关系。可如果自己没有闪光点，就凭你一颗真心，优秀的人就会想跟你交朋友？

这不能说别人势利，只是大家时间有限，只能把它花在感兴趣的地方。”

看完这段话，我陷入沉默，更加羞愧，自己担不起“优秀”二字不说，连觉悟都没有学妹高。

两年前我刚进大学时，看着台上的学长们，那些名字前一串串光鲜亮丽的头衔让我眼花缭乱，在加了他们微信后，我开始了一场场艰难的聊天，我努力寻找有趣的话题来维持这些让人昏昏欲睡的对话，到后来，不管我发多少消息都石沉大海。

那时我觉得牛人们都不太屑于和我这种小透明聊天，却没有反思过自己能给他们带来什么，哪怕一个有趣的笑话。

很多人都看过这样一张照片，是赵薇、黄晓明、成龙等人的合照，其中马云给了一个“意味深长”的眼神，有网友对这一幕配语：“今天的我你爱理不理，明天的我你高攀不起。”其实我觉得这句话是错的，当你影响不到别人的时候，别人只是看不到你，而不是看不起你。

对于那些牛人来说，他们是看不到我的。

成为一个可以被人利用的人，是对他人来说，你最大的存在价值。我的存在影响不了他们，所以是无价值的，当然这不是贬义。

如果你想通过大学里的社交认识更牛的人，那么当你是小透明并且提供不了价值时，你是无法被他们看到的，你的存在对他们来说是毫无价值的，任何刻意的维护只是吃力不讨好，如果只是想认识些水平和你差不多的人，那你根本就不需要去搞社交，或是去刻意地认识谁。

有人说大学能为以后的发展创造机遇，也有人说大学里的社交是无用社交。但其实如果你本身没有真才实学，没有闪光点，既不能吸引别人的兴趣又不能为别人创造价值，那么优秀的人是不会与你交朋友的，而所谓想利用大学社交来为以后的发展创造机遇也就是无稽之谈。从这个角度来讲，这种大学社交根本不重要。

大学恋爱中，如何处理好亲密关系？

舒莺

无论什么样的恋爱体验，都会让我们成长收获，我们付出的时间，随着恋爱结束会留下心灵的体验。

我在大学期间谈了两次恋爱。

一次被伤害，一次学会爱。

在这些经历中，我改变最大的就是心态，人格由独立到健全，在恋爱过程中一遍一遍反复地认识了自己。

一、永远不要放弃成为更好的自己

在恋爱之前你要明白：最了解和爱你的人，是你自己，你要照顾好自己，你才有勇气去爱别人。爱情是两个人搭伙为了体验更好的人生，而不是在别人身上一味地索取自己缺失的部分。

大学时，往往会恋爱经验少，还不知道怎么去爱一个人，导致用错了力，错过了些美好。

所以在恋爱之前，一定要有让自己变得更好更完美的意识，不是为了成为“男神”“女神”，而是要成为一个充满阳光和微笑的普通人。

二、承认自己是个普通得不能再普通的人

爱情中的男女会不自觉地美化对方，然后对方又会把“你跟别人不一样”的假象反馈给你，相处久了，会造成你自我认知的偏差，会在粉红泡泡里面溺死的。

三、根据自己的需求选择恋爱，女孩子不要感动，男孩子不要冲动

谈恋爱之前要有大概的一个规划，男孩子要想清楚自己喜欢女孩的成熟稳重，还是单纯可爱。

如果你喜欢熟女，那以后你女朋友鞭策你要认真学习努力工作的时候，请你勤奋一点，不要背后埋怨你的女朋友让你压力大让你觉得累。如果你喜欢女孩单纯可爱，就请你给她足够的时间和包容让她慢慢成长，不要嫌弃她不够懂你不够体贴。

每个人在享受自己权利的时候，都需要履行好自己应该承担的义务。

四、要有颗强大的心脏和足够的行动力来承担爱情

选择异地恋就要承受分隔两地的痛苦。选择同性恋就要敢于承受周围异样的眼光。选择姐弟恋、大叔萝莉恋也都是可以的，大学恋爱不一定非得是学生和学生之间的恋爱。更多选择更多欢笑嘛！

五、在性方面要有独立意识，你对性的态度跟你的爱情观紧密相连

大多数女生是在大学有了初体验，请把自己的第一次交与让你身心都很快乐的人，一定不要是临到节骨眼赶鸭子上架发生的关系。那个人，一定要是在你静静独处以后，发自内心由衷地欣赏和喜爱的人，哪怕最后跟你在一起的人不是他，你也不会后悔。那么你的第一次会给你留下美好的人生回忆。

如果是为了取悦男生，抱有“我给了他，他就一定会更加爱我了”的心态，请一定要三思。你是一个独立的生命体，你爸妈花了二十年的心血宠爱你，是为了让你快乐，不是为了让他快乐啊。这么重要的一次人生体验，一定请擦亮眼睛邀请一个正值韶华、清风朗月的好男儿赴这特殊的约。

六、爱情潇洒的姿态是最美的，不要把爱情看得很轻，更不要看得很重

热恋的时候要随时想到他（她）如果现在离开了你，你要怎样生活，不要等事情发生了手足无措。

七、爱情是一件很私密的事情

不要随便告诉父母朋友你们爱情的发展细节。父母会左右你内心世界，有时甚至让你做出错误的决定。成长是你一个人的事情，别人参与不进来的，恋爱也是自己跟自己沟通的过程，了解自己内心的诉求。未曾半夜断烟者，不足语人生。

好好经营自己的爱情也是在经营自己的人生，爱情的个中滋味，只有自己慢慢品味，别人两句三言的碎语，又怎能给你的人生导路。

八、好好说话，恰当地交流

有问题有误解，不要吵，能遇到多大的事情，能有多委屈，再说你为自己的爱人受点委屈怎么了，真的要等失去了，你的委屈无处安放的时候，你才会明白吗？

能够爱的时候好好珍惜对方，因为人生是很戏剧性的，你不知道对方会在哪时哪刻从你的世界消失。特别是你还这么年轻，未来还那么长。

九、恋爱关系是一种很复杂的人际关系

恋爱绝不只是你爱我我爱你这么简单的事，多长个心眼，以真诚为中心，其他技巧为加分项，适当地从理性角度分析恋爱关系，不要一味情感用事。情绪只是一阵子或者一瞬间的事，可是爱情的

状态都体现在情绪里面，切不可为了一时爽让恋爱质量下降。

我之所以说这个，是因为二十岁左右的人在自我情绪管理上面还是一个大婴儿，很多时候控制不住自己。道理都懂，但要掌控好行为才能过好一生啊。

最后，在一起请好好相爱，一起努力迎接未来的坎坷和阳光；如果没有在一起，不妨好好拥抱，道一声珍重。

你一定
要知道的避孕知识

悦小师

大学有了初体验，随之而来的就是对于避孕的了解。

我们希望的避孕方法也许是：绝对有效的、安全的、使用方便的、实惠的、不影响性爱体验的，但遗憾的是，目前尚无这种避孕方法，在可预见的未来估计也不会出现。

任何一种避孕方式，都有这样或者那样的缺点。有的很安全，但失败率略高；有的失败率极低，但可能会造成永久不育；有的停用就可恢复生育力，但价格又不亲民……

由于个体差异以及所处人生阶段的不同，也不存在一种避孕方法能适合所有的人。所以需要根据自身的特点，选择对自己最有利的避孕方式。

当然，同时你也需要承担这种避孕方式的风险和缺点。

下面介绍一些常用的避孕方式。

一、复方短效避孕药

避孕药是 20 世纪最伟大的发明之一，但这个发明却在中国遭受了极大的冷遇。

1. 有效率

短效避孕药有效率极高，在安全正确使用的情况下，有效率在 99.7% 以上，但由于存在漏服等情况，实际有效率约 92%。

2. 有效成分

它的有效成分是孕激素和雌激素。

短效避孕药与紧急避孕药最大的区别是，激素含量极低。以市面上最常见的“毓婷”与“妈富隆”为例：紧急避孕药毓婷，只含有孕激素，其含量是 0.75 毫克；短效避孕药妈富隆，是激素的复合制剂，含有孕激素 0.15 毫克、雌激素 0.03 毫克。短效避孕药激素含量是紧急避孕药的 1/5！

从短效避孕药的发展趋势上看，其激素含量越来越低，比如“欣妈富隆”，孕激素含量没有变化，但雌激素含量降到 0.02 毫克（雌激素是引发短效避孕药绝大多数副作用的主要成分）。

看到这里，你应该大概能明白，为什么可以天天吃短效避孕药，却不宜常吃紧急避孕药了吧？

这就好比喝水，一般情况下，我们每天需要喝 2500 毫升左右的水，如果让你一次性喝完这么多水，你肯定会不舒服，甚至会发生水中毒；如果让你在一天内分很多次喝完，那么，你身体就不会出现不适。

服用短效避孕药也一样，每天吃少量的孕激素和雌激素（你的身体每天或多或少都会分泌这些激素，吃了这些激素，你身体也会减少这些激素的分泌量），不会对你身体产生大影响，同时这些激素不会在你身体内富集，你的身体用不完的话，就会被代谢掉。

但紧急避孕药由于激素含量高，激素在你身体里会出现潮涌现象，而你的身体又不需要这么多激素，那么就久而久之，就可能会对身体产生较大的影响，例如卵巢早衰等。

目前的数据也证实，长期服用（指连续服用 5 年以上）短效避孕药是安全的。

3. 服用方法

短效避孕药一般分为 21 片装、24 片装以及 28 片装。

一般建议从月经开始的第一天开始服用，这样从开始吃的当天就有避孕效果，如果是在月经开始后的 2 ～ 5 天开始服用，那么服用的前 7 天，一定要戴套才能发生性关系。

21 片装 /24 片装需要连续服用 21 天 /24 天，然后停服 7 天 /4 天；7 天 /4 天后，进入下一个服用周期。

28 片装其中有 21 片是真的避孕药，另外 7 片是“假的”，不含避孕成分。“造假”的目的是为了你好。21 片装 /24 片装，都有停服期，吃吃停停的，很容易忘记。做成 28 片装，让你天天来吃，这样就不容易忘记了。为了防止你漏服，每片药都对应一个周一到周日的标识。

4. 不良反应

上面我说服用复方短效避孕药是安全的，并不意味着短效避孕药就绝对安全，服用短效避孕药的前期可能会出现恶心、乳房胀痛、心情抑郁、体重增加（据说吃“优思明”不会增加体重，对体重较为敏感的小仙女可以选这个）、头痛、月经期间不规则出血等不良反应，不过一般会在 3 个月内逐渐消失。

较为严重的副作用也有，一是会增加血栓的风险，但是这种概率极低；二是增加患乳腺癌的风险，但目前该说法仍有争议。

同时，这些人不建议服用。

（1）肝病、高血压、糖尿病、心脏病患者。

（2）偏头痛、头痛患者。

（3）乳腺癌患者或者有家人患过乳腺癌的人。

（4）35 岁以上且经常抽烟的人，不建议服用，可能会加大出现血栓的概率（要使用的话需提前一年戒烟）。

（5）患有血栓或曾患有血栓的人，也不建议服用。

（6）如果你正处在怀孕或哺乳期的，也不建议服用（但可以放心的是，吃短效避孕药没有致畸的风险，停药后就能放心创造下一代）。

在欧美地区，短效避孕药是主流的避孕方式之一，以英美两国为例，短效避孕药在避孕方法中所占的比例分别为 16% 和 28%，而中国仅有 2%。与此对应的是，中国人流手术数量居世界第一，占世界手术量的 1/6。而吃短效避孕药的风险远远小于堕胎的风险。

5. 优点

复方短效避孕药除了避孕效果好之外，服用它你还会获得额外的好处。

（1）降低患卵巢癌、子宫癌以及良性乳腺肿瘤的风险。

（2）提高月经的规律性，减少月经量，并缩短经期，改善痛经（简直是痛经女生的福音呀）。

（3）改善你的肤质与发质，能让你容光焕发的，除了爱情，还可以有短效避孕药。

（4）改善青春痘。

6. 不足

（1）容易忘服，建议设置闹铃提醒。

（2）有一定的副作用（但多数人来说，收益远大于风险）。

（3）部分人可能不适用。

（4）不能预防性病。

二、单方孕激素避孕药

鉴于雌激素是引起绝大多数副作用的主要成分，所以就有了只含孕激素的避孕药。这种避孕药也被称为“迷你避孕药”。

1. 服用方法

每天应在同一时间服用，没有停药期，月经期间也要服用。

2. 不良反应

同复方短效避孕药相比，在服用前期，它更容易引发不规则出血，其他的不良反应还有长斑点、皮肤变油腻、乳房胀痛以及头痛。

3. 优点

迷你避孕药由于不含有雌激素，不良反应降低不少。

所以，不仅哺乳期可以服用，即使患有心脏病、血栓、糖尿病以及其他不能接受雌激素疾病的女性也可以服用。

4. 不足

（1）容易忘记服用，建议设置闹铃提醒。

（2）没有预防性病的作用。

（3）目前在国内还没有迷你避孕药产品上市。

三、男用避孕套

1. 有效率

男用避孕药有效率飘忽不定，在完全正确使用的情况下，男用避孕套的有效率是98%，但实际上的有效率却只有85%。所以，在某种程度上，它更应该叫作安全套，而不应该叫作避孕套。实际有效率这么低，主要原因是使用方法不正确！所以，不要以为你用过套套，就觉得自己会用套套。

2. 成分

从成分上看，避孕套大致分为三种：

（1）乳胶避孕套。

（2）乳胶 + 杀精剂避孕套（可以适当提升避孕效果）。

（3）聚亚安酯避孕套（适合对乳胶过敏的人使用，但是由于弹性不足，容易脱落）。

3. 使用方法

套套分大小，“小丁丁”用大套套、“大丁丁”用小套套都不可以，选择适合自己“丁丁”大小的套套很重要。

必须全程戴套，半路再戴或是没有射就摘的都不是好男人。

（1）撕开包装时，不能使用剪刀，也不能使用你们的牙齿。

（2）不能将套套卷开了再戴，而是在不卷开的前提下，挤掉前端的空气，然后贴着龟头（包皮长的男生，一定要先翻开包皮，露出龟头后再开始戴），从上往下慢慢卷开，直到底部。

（3）不能同时戴2个套套。有些“老司机”觉得，这样有助于延长时间或更保险。但套套之间的摩擦，会增加套套破裂的风险，同时外面的那只套套也有在阴道脱落的风险（如果想延时的话，可以选择专门的物理延时套，龟头位置的厚度最厚可达 0.25 毫米，是一般避孕套的 5 倍左右）。

最后，希望大家能敬畏生命。

祝愿大家只有性福，没有人流。

如何塑造适合自己的消费观？

暴风城保安

上了大学之后，你会发现有太多的东西想买：这双鞋子不错，想买；这件衣服不错，想买；这个包包不错，也想买。但是往往一样东西的支出就要花掉生活费的大半，最终导致自己入不敷出，拮据度日。

那么，如何塑造适合自己的消费观，合理控制消费欲望呢？

在分析一件商品值不值得买，值得花多少钱买的时候，我们可以从两个角度来评估。

一是这件商品能给“我”带来的收益大小，二是这件商品的价格。

由这两个角度出发，商品可以分为以下六类。

1. 高收益值、低价格商品，如飞机杯、避孕套、修眉刀、一本好书……

2. 高收益值、中等价格商品，如一年的宽带、苹果手机、机械键盘、舒适的床垫、合身的百搭白衬衣……

3. 高收益值、高价格商品，如房子、车子、商铺……

4. 低收益值、低价格商品，如为了凑包邮而买的不需要的商品……

5. 低收益值、中等价格商品，如高僧开光的手串……

6. 低收益值、高价格商品，如在直播网站上给主播砸钱……

不需要别人来教，我们都知道下面几条。

第一类商品，买。

第二类商品，存钱买。

第三类商品，挣钱买。

第四类商品，偶尔买。

第五类商品，傻子才买。

第六类商品，看傻子买。

真正侵吞我们大量财产的商品，不是低收益值的商品，而是收益值不确定的商品。此类商品烧钱于无形，我们深陷其中而不自知，深受其害而悔不当初。

翻翻你的淘宝历史订单吧，你会发现，所有商品在买之前，你都是奔着“高收益值”去的，你期待的都是“物超所值”“高性价比”，哪怕保守一点，你也会期待“物有所值”“一分钱一分货”。

但是，你买了以后，超过50%是后悔的。如果可以让你把这些商品原价退回，你起码会退掉90%。我敢说，你买了很多“收益值不确定的各种价格”的商品。

“收益值的不确定性”主要体现在以下三种情况。

第一种，收益值的高低，取决于你的使用程度。

第二种，你无法判断商品的收益值。

第三种，你预期的收益值不切实际。

下面分别来说说这三种情况。

第一种：收益值的高低，取决于你的使用程度

黄大明想健身，办了一张 998 元的健身年卡，然而只去了一次。此商品沦为“低收益值、中等价格商品”。

佟小为想健身，办了一张 998 元的健身年卡，去健身房洗了 365 次澡，使用跑步机 120 小时，举铁 36000 下，学习了一套系统的减脂增肌理论，练出一身活肌肉，还结交了一群浑身正能量的朋友。此商品属于“高收益值、中等价格商品”。

黄大明想学好英语，买了一本 58 元的红宝书，只背下一个 Abandon。此商品沦为“低收益值、低价格商品”。

佟小为想学好英语，买了一本 58 元的红宝书，刻苦学习，17 天就搞定了 GRE（美国研究生入学考试）词汇。此商品属于“高收益值、低价格商品”。

觉得这些例子不够明显？那就想想你那嫌重而只用了两次的单反相机、不爱看书却跟风买的 Kindle、用来放东西的跑步机、有十种刀头却只用来削水果的瑞士军刀、闲置的烤箱和烘焙工具、挂二手网站上卖不出去的初学者制皮套装……

第二种：你无法判断商品的收益值

陆小涵想请私教，但由于健身行业水很深，没有一套衡量私教水平的标准，陆小涵难以判断私教水平高低。自己练得好的私教可能是个中看不中用的绣花枕头，自己练得不好的私教也可能是个深藏不露的好老师。

朋友袁册册介绍，李教练教得很好，带她一个月就练出了马甲线。于是陆小涵也花重金买了李教练的课。然而李教练的教学水平并不高，误导了陆小涵。

李大露想割双眼皮，无法判断医生的技术水平高低，硬着头皮花了5000块做手术。然而效果不佳，一看就是道疤。

某大V出书，好评如潮，费小霞立刻就花38元买了，以为能看到干货，然而书的内容全是老坛鸡汤，对她并没有帮助。

觉得这些例子还不够明显？那就想想你那闲置的“网红推荐”护肤品、腰封上一大群名人推荐的畅销书、网上推荐的拌饭酱、网上推荐的惊艳零食……

也许你会说，买之前多做点功课，从多个渠道了解商品不就得了。

这恰恰是此类商品的真正可怕之处。不仅坑你的钱，还坑你的时间。

黄大明为了挑一款好的笔记本，上知乎翻了24个答案，上ZOL（中关村在线）看了12条专业评测帖。

费小霞看上了1支口红，上微博搜了36个美妆博主试色，然后被种草了2款腮红、4盘眼影，又去搜“2款腮红和4盘眼影”的试色，无限循环。

费小霞为了选一本魔幻现实主义好书，上豆瓣读书看了几十篇书评。

此商品无论最终收益值高低，摊上你花掉的时间成本，都不太划算。

毕竟，你的时间非常值钱。

第三种：你预期的收益值不切实际

费小霞花 2000 元买了一条小黑裙，但是小了点，懒得换，“留着激励我减肥”。

陆小涵花 2000 元买了一罐蛋白粉，以为吃了就能长出活肌肉。

李大露花 38000 元买了一个香奈儿的小羊皮包，以为能背一辈子再传给孙女，结果一个月就磨损了。

薛小千花 50000 元买了索尼的晶雅音管，以为能听到天籁般的音质，结果一直放家里当摆设。

黄大明花 1400 元买了双添柏岚的大黄靴，想穿 5 ～ 10 年，并且能够搭配休闲裤和牛仔裤，结果穿上显腿短，半年就踢烂了。

王小铠花 1000 元买了瓶阿玛尼男士香水，以为能显得他很有品位，结果被嫌娘炮。

王小治花 40000 元娶了个媳妇，以为能相夫教子、传宗接代、洗衣做饭……结果这女的跑路了。

黄小波花 400 元买了个充气娃娃，以为是大美女的 1:1 模型，结果就是一个人不人鬼不鬼的气球。

你以为买了就能大大提升幸福感而相见恨晚的东西，你以为买了就能提升格调的东西，你以为你将来用得上的东西，你朝思暮想、不买会死的东西，买了多半后悔！

以上三种情况互有重合，联合作用时效果最佳。

那么如何才能合理控制消费欲望？我只说说我的做法。

1. 把钱都花在“收益值确定”的东西上，就没钱去买“收益值不确定”的东西了。此法能降低 90% 的后悔率。

2. 难以判断收益值的东西，坚决不买。

3. 在生活中遇到不便之处后，觉得自己确实需要某样东西就买。

4. 在网络上看了某回答、某热帖后，觉得自己可能需要某样东西，就是不买。此法能清除 80% 的购物欲。

5. 明确自己的需求，买刚好能满足需求的东西，不能为了一根香肠买下整头猪。

6. 莫装有钱，也莫炫耀，我想别人是很忙的，没空看我买了什么。

这样，你的消费欲望就能被控制在一个合理的范围内。

Chapter

5

考研还是出国，你做好选择了吗?

马后炮是没有意义的。
踏踏实实面对人生每一个选择，不管选择是什么，
不要后悔，为自己负责。

过来人告诉你，是先工作还是先读研 | Darrrrcy

2012 年我本科毕业，拿了 10 所国外研究生的 Offer，交了两所英国大学的定金。但是，最后的最后，我没有去读研，而是选择了先工作两年。2014 年，我辞职去了英国读研，2015 年底回国，现在在上海一家外企做市场部经理，同时也是一枚业余的上海美食博主。

怎么确定是先工作还是先读研？我觉得这个问题太适合我了。

一、清晰的自我认知，是一切决策的前提

首先我觉得，在讲优势之前，一切的前提都基于：这是一个值得你花时间去进修的项目。

你应该有一个非常清楚的自我认知（Self-awareness）：自己进

修真正的目标是什么，对于进修后的预期是什么，本科后继续读书能否帮你实现这个目标，并不断在读书的过程中，检视自己的行为是否方向正确（On the Right Track），以便不断调整自己的现状，或者如果有更好的机会，也可以调整自己的目标。

比如你想要从事新媒体相关的工作，想知道如何做个网红，你应该现在去咪蒙那里面试，上一个北大的研究生也不一定能够帮你。比如你想要做教授，那你应该一路读书做科研，争取在国内外各大行业期刊上发表论文。比如你想要进某个高科技领域工作，作为一名技术人员，那你最好还是有个研究生学位比较稳妥。哪怕你说，我去读长江商学院就是为了嫁个有钱人，也可以。

拿我自己来说，我当时本科是商科毕业，对于职业发展比较迷茫，确实也不知道自己喜欢什么样的工作，不喜欢什么样的工作，研究生的申请大方向都是市场营销和管理学。Offer 拿了不少，却仍然对于自己今后的发展没有一个清晰的目标，只是觉得“我身边的朋友都去读研了，我也应该读一个”，或者是“我爸妈说我一定要去读一个研究生”“去国外读研究生很有趣”等。

其实当时我也跟很多人聊过，我爸妈，我认识的在国外读书的牛人，我当时在国外待过很多年的男朋友，我的大学老师、学长等，每个人都给出了他们模棱两可的回答。所有人在最后都会告诉我一句，不管别人怎么说，一切都是自己的选择。

可以说他们的回答很负责任，也可以说，他们的回答并没有什么用。毕竟，自己要对自己的人生负责。

最后在我爸妈强烈的反对下，我还是坚决地列出了几个我不出国先工作的原因。他们在我有理有据的论述之下，也同意了我的做法。

当时我的理由如下。

1. 对自己喜欢什么不喜欢什么并不清楚，研究生的专业选择并不是因为真正的兴趣而决定的。

2. 没有想清楚毕业后是否留在国外，如果想留下去，那么不应该选择英国的学校，更应该选择美国、澳大利亚等有移民机会的国家。

3. 那个时候自制力不强，不够成熟，出国以后很有可能大部分时间都在旅行和娱乐，就像当年我在美国读书的时候一样。

所以，在我自己想清楚以后，我就毫不动摇地在所有人的诧异之中，留在了西安，开始我的第一份工作。而工作两年之后，我又在周围一片人的诧异之中，大义凛然地辞职，去英国读研，当时我的理由如下。

1. 工作两年后，我找到了自己真正的兴趣所在——市场营销，我希望能够在这个领域深造。

2. 我不想留在国外，我希望能够在毕业之后去上海工作，我需要一个研究生文凭为自己提升一定的竞争力。

3. 美国的市场研究生项目少，大部分为MBA，英国的市场研究项目多，时间短，英国排名第一的市场营销专业是兰卡斯特大学（Lancaster University）的高级市场营销管理专业（MSc Advanced Marketing Management），也就是我后来入读的专业。

4. 通过两年的工作，我更成熟，有了更强的自制力，目标明确，能够保证自己在留学期间认真完成学业（后来我以优秀毕业生的身份毕业）。

所以，我爸妈在听了我的论述之后，表示支持我出国读研。

非常感谢我有一对开明的父母，从小就在我人生重要的转折点上，非常尊重我的意见，从读文科还是读理科，到出国还是不出国，再到身边的人开始谈婚论嫁的时候，我辞职进修，他们都非常支持我。

当然，他们的要求是，我自己为自己的人生负责，不要后悔。

二、工作后再进修，让我获得了更多的发展机会，但更重要的是学会甄别机会

既然讲清楚了前因后果，那么就讲讲工作后再进修，对于我自己来说，带来的一些优势吧。

首先，在读书的时候，我们班 48 个同学里，加上我一共有 17 个中国人，只有我和另外一个男生有工作经验，其他中国人都是应届毕业生。99% 的外国同学则都有工作经验。所以很多工作后的优势，很明显地在个案研究和团队工作中展现，有过工作经验的同学更能够快速高效地与队友合作。后来我的外国同学们，毕业之后基本都在英国找到了工作，留在了伦敦、曼彻斯特等大城市。

拿我自己来说，我应该是当时我们班上唯一一个在毕业之前就已经拿到了两个世界 500 强公司 Offer 的中国人。

刚入学不到一个月，我们大家去参加曼彻斯特的一个中国的招聘会，很多跨国企业会在国外为中国学生举办一些宣讲会，希望他们毕业回国以后能够选择自家公司。但是，这并不是一个现场的招聘会，只是一个分享会，很多人只是去听听，了解一下情况，而我在当时就已经知道自己应该在当年秋季为第二年毕业回国的工作做准备了。

我带着自己的简历，在招聘会上，开口就直接对来参加招聘会的人力资源负责人说：“我已经有过两年的工作经验……”

很多 HR 立马给了我名片，希望我会后跟他们直接沟通，发送

我的简历，而面对本科毕业直接读研的大部分学生，HR 都拒绝给名片，只是发一本宣传册，说：“希望你们关注我们今后的校招……”

后来，我跟两家我最有兴趣的公司联系，他们的总部都在上海，符合我之前的目标。其中一家在一星期之后在曼彻斯特给我安排了面试，一家在第二年 4 月份给我安排了面试，都给了我比一般初级水平高一个级别的岗位，并希望我回国后尽快加入他们的公司。

所以，在第二年，我的中国同学们都在头疼回国该做什么的时候，我已经手握两个 Offer，然后撒丫子满世界旅行了。

这就是，有了工作经验再去读书，为我带来的优势。

1. 我更加有职业意识，对自己有清楚的职业规划，并能够付诸实践。

2. 在面临顶尖雇主的时候，我知道如何吸引他们的注意力并脱颖而出。

3. 清楚地知道自己想要做什么，能够在众多机会之中清楚地选择最适合自己的那个。

后来，我回国以后，因为种种原因并没有选择那两份工作，主要是在了解和接触了一些工作之后，我更加清楚地知道自己并不喜欢非常 Structural（结构森严）的大公司，我更渴望能够加入一个拥有创业氛围的团队，让自己在职场初期就变成一个多面手，而我自己今后的目标也是能够拥有自己的公司，所以这更加印证了我上面说的第三点。

所以，我们一定要先知道自己想要做什么，知道自己内心真正关心的事情。

而且，我们不仅要有勇气向自己选择的方向出发，更重要的是，我们要学会说No。但只有你知道自己想要什么的时候，才会愿意放弃看起来很棒的机会。

就像吉姆·柯林斯在《从优秀到卓越》中所说：“如果这个机会不是你最终的目标，那么这个机会就算再千载难逢，也与你无关。”

可能每天都有很多千载难逢的好机会出现，只有你下定决心确定了自己的目标后，你才会有意识地甄别机会。

三、马后炮是没有意义的

从一个马后炮的角度来讲，如果我当时2012年毕业就去读书，2013年毕业来上海落户买房，现在应该已经净赚几百万了吧。

想到了前两天在知乎看到的一句话：有钱人利用机会和信息来赚钱，穷人通过提升自我而迭代升级。

但毕竟，马后炮是没有意义的。

踏踏实实面对人生每一个选择，不管选择是什么，不要后悔，为自己负责。

以上内容具有一定局限性，但自认为适应广大群众，请选择性参考。

工作以后，还有必要再脱产读研吗？

冷芸

我出生并成长在新疆，父母是20世纪60年代就去新疆支边的知青。我的第一次命运的转折，发生在16岁那年——国家开放政策，允许知青子女有1人回到上海。其实我还有个哥哥。不过他很了不起。在我16岁前，他就通过全国高考考回了上海的大学。在西北待过的人都知道，20世纪80年代，每年从新疆考到上海的人屈指可数。这就是我想说的“人生规划既重要，也不重要”的第一个案例。因为这种政策是我们自己无法规划出来的。如果我哥哥不考到上海，那么回上海的名额就必然是他的，而不可能落在我身上。而且，时间点也很重要。他是在政策出来前一年考到上海的。如果滞后一年，假如他没有考上，那可能名额还是他的。总之，我很幸运地回到了上海。

回上海毫无疑问是件好事。与此同时，我遭遇了人生中的第一个“挫折”——我居然没考上大学！那时考大学不像现在这么容易，但我的学习成绩在班里还算中上（虽然是在新疆，我们班还是有很多人考上了不同层次的大学）。在此前，我一直相信自己是读大学的料！

18 岁时，我开始了第一份工作。工作期间通过自学考试，我拿到了一张大专文凭。30 岁那年，我去英国读了硕士。回来后继续上班，到了 38 岁，我又去读了博士。等到博士毕业，我已是 42 岁了。

在国内，作为一名女性，30 岁去读硕士，近 40 岁去读博士，是绝大多数人都无法理解的选择。在我读博期间，经常会发生这样的对话：

“现在在哪里工作？”

“在读博。”

“你还在读书啊？你那么喜欢读书啊？！”（一脸诧异与不解）

在绝大多数人眼里，读书就是小青年的事。

很多临近毕业的大学生都会纠结于工作后读书与一路读书读下去的区别，觉得自己一旦选择了工作，是不是就没有必要再进行深造了。

我读书期间，来自国内的同学几乎都是一路读书读下来的（包括博士）；而国外的同学则更加“混合”些，有一路读下来的，也有工作许多年再去读书的。比如我读硕士时，我的国外同学也有 30 ～ 40 岁的。

所以两者的差异如下。

1. 读研究生需要自己立课题（研究问题），随后写论文。一路读书读下来的人，连立课题都有困难（就是研究什么问题）。因为他们对社会及某个领域的认知都仅限于书本，缺乏实际认知。无论是生活阅历还是职场阅历都很缺乏。很多人研究的问题，其实对这个社会／行业／领域没有什么实际价值。所以去搜论文库，会看到很多空洞的内容。

2. 在理解上的差异。比如同样读一本书，分析一个案例，对于一路读书下来的人，你可以明显感到是纸上谈兵。谈问题谈不深刻，也谈不实际，很多问题他们无法理解。我读硕士时，有一个项目是为某品牌公司做战略性品牌策划。对于一个从未在企业工作过的人，怎么理解“战略”呢？要知道，战略在现实中是只有高层管理才会做的事情。你让一个从未工作过的人去做战略，他只能翻书。你去翻翻书，书中会有很多答案，很多啰唆的文字。但这种战略做出来对企业有用吗？没有任何实践价值。

3. 对于有工作经验的人来说，去读书，是真正的提升。因为我们都是带着问题去读书的。比如我自己在工作了10多年后去读书，我有很多问题想搞明白。举例来说，读硕士前，我在跨国公司（外资企业）工作了10年，经历了他们初入中国、长期亏损后又慢慢走向盈利的过程。硕士期间，我们的一个课程是关于“品牌的国际化”。在上这个课时，很多内容对我来说是很生动的。比如国际化策略有哪些？我工作过的3家外企，他们分别用了3种不同的模式（并购进入、直接进入、代理进入）进入中国。又比如在国际化进程中，有哪些挑战？而我工作中最大的体会是文化冲突。这些最后在教材和课程中都得到了验证。那么这种验证对我来说就是从实践到理论的一种提升。

4. 读研究生通常需要自己独立做研究课题。一些课题会涉及使用社会资源。比如，要做问卷调研，那你得找到足够的能回答问题的样本（人）：可能要采访专家，可能要拜访某些企业做调研。我读博士时，有几个同学就是因为事先对调研所涉及的社会资源准备不足，他们想去某些企业实地调研参观，但是却没找到愿意接纳他们的企业，结果论文没有按时做完，延期一年。对于没有工作经验的人来说，缺乏社会资源也是个问题。

5. 被年轻人问到的最多的问题之一是，“担心工作后，没有心思再回到学校读书，读不进去了”。

这个问题在我看来是不存在的。恰恰相反，工作后再去读书，会很珍惜校园生活。因为校园相对来说的那种纯净与安静，是职场上难以获得的。这种做学生的心情与一路待在校园里成长的心情完全不一样。这有点儿像你去世俗的世界走了一圈，重新回到校园再净化和提升自己的感觉。没有对比，就没有珍惜。

其次，在我看来，现在的读书已经不是你想选择或者不想选择的问题，读书是一直必须做的事情。在这个科技日新月异的时代，你只要不读书，很快就会被淘汰。所以，读书会成为一辈子的事情。即使你十年前读的硕士，十年后的知识又不一样了。知识更新只会越来越快。所以，我想未来文凭并不重要，但是不断学习最新的知识是很必要的。所以，就算你一路读到博士，也不代表未来就不再需要读书。

另外，在我读博前，博士是我最看不起的职业之一。我读硕士时，一个同学和我说，硕士结束后她会继续读博士，问我是否有同样的打算。我想也没想地回答她：“肯定不读。博士就是对很小很小的事情知道得很多很多（此话非本人原创，出自某个电视剧，但名字忘记了）！都是书呆子才做的事情！”然而，当我真正读博后，我才了解到当时的想法是多么的肤浅。

所以我希望用我个人的成长经历，来说明几个观点。

1. 读书可以改变命运。但是这不是我早期就持有的观点。我在读博前所持有的观点是“实践出真知！”（言外之意，读书没那么重要）。我说过我曾经只有中专文凭。而且即使只有中专文凭，我也还在不错的外企待着，横向相比，我并没觉得自己比那些一路从精英学校读书上来的人差。然而差异是在我自己读书以后对自己所做的前后对比。读（好）书确实可以改变一个人（从内心到外表），这是我想分享的第一个观点。当然这并不代表我因此就认为“实践出真知”不再重要，它依然重要。只是回过头去看看，我以前对“实践出真知”的理解还是比较肤浅。

也因此，我愈发相信，教育对一个民族的发展何等重要！改变许多贫穷、落后的地方最重要的措施就是发展教育。

2. 看到现在从入托、小学、中学乃至考大学的孩子及家长的努力与焦虑，我个人觉得，教会孩子们纸面上的考试都不如教会孩子们应对人生中的考试更重要。或者说，我并不觉得任何一场纸面考试能定终身。顺便说一下，我属于不太擅长书面考试的人。高考失败也是一个案例。即使我今天有了博士学位，可若去参加国内的研究生或博士生考试，估计还是过不了关。

此段表述可能会招来不同的争论，而且貌似也与我第一段话有些矛盾。读书不就是从一个学习阶段晋升到下一个阶段吗？我想说的是，并不是每个人都适合目前国内的应试体制（算是给我自己不擅长考试找个借口吧）。从官方角度思考，我又很理解为什么目前国内只能用这种应试方式来挑选人才。但站在个人立场上，对于像我这样不擅长考试的人，不必觉得某场考试失败就是人生的失败。而且考试失败，不代表就不可以继续读书。现在读书的方法很多——

去国外、网上学习、自学，都是我所说的“读书”范畴。

3. 人生有太多种可能！人生规划既很重要，又很不重要！这是一句反论（Paradoxy），以后会具体解释。说到这点，是因为我常收到的私信之一是，“毕业了，不知何去何从”。做这个，担心那个；做那个，担心这个。有些还是高中生，就开始问我大学毕业找工作的事情。我给他们的答复都是“你没办法在20几岁的时候，就把你一辈子要做的事情想清楚”。但这也不是说就不要规划，而是如何规划，同时还要学会“顺势而为”。

有人问过我，只有大专文凭，怎么上的硕士？

这里要谈谈中西教育的差异了。在国内，大多数情况下，无论是学校还是企业，对文凭及学位的要求几乎是非常死板的。我当时从英国读硕士回来，因为非常爱好语言，想去上海外国语大学进修翻译研究生的课程。这个课程没有学位，只是个研究文凭。去了以后，负责报名的同志说：“我们招生简章上写得很清楚，必须有学士学位才可以读。你没有学士学位，就没法报。”估计我现在去申报国内的硕士考试或者博士，同样连申报资格也没有。因为我至今都没有学士学位。

读硕士前，我在外企工作了十年。初期进入外企时，我只有中专文凭。但对方并不在意我没有文凭。

去海外留学过的人，可以看到他们的招生简章里都有一句类似的话，大意是如果你没有所需要的学位，但是如果你能证明自己的实际能力达到同样水准，也可以申请。而我虽然是大专（还是自考），但是我已经在外企工作了十年，而且这些企业都是国际知名企业。这段经历足以弥补我在文凭上的弱势。之后读博士，我没有学士学位的问题再次被校方提起。也是因为我的工作经历比较有说服力，以及我在读博前已经有出书经历，所以我还是被录取了。

总之，其实文凭本身不重要，最重要的还是自己实际的能力。我碰到过牛人，啥文凭也没有，但在我看来比一些大学教授知道的东西多多了。所以，不用把读书等同于学历。

如何判断自己是否适合做研究？

胡墨

临近毕业，因为无法确定自己是不是做研究的那块料，很多人都开始为要不要继续深造而纠结。

那么，如何衡量自己是否适合做研究？

其实可以凭借以下四点进行判断。

一、研究即探索未知——与不确定性长期共处

我以为，在衡量是否适合做研究时，我们需要关注做研究（不仅指科研，也包括企业研发等）最重要的特点是不确定性。不确定性一方面来源于我们研究的对象在研究之前是未知的，我们无法预测结果（体系本身的不确定性）；另一方面由于我们观测的手段并

不完美（误差），作为人，我们也经常出现错误（错误），这些体系之外的不确定性也会使研究结果的不确定性进一步增大。

举一个简单的虚构例子：爱迪生想知道哪种材料适合做灯丝。他做实验之前，不知道实验的结果（体系本身的不确定性）；做实验的时候，可能由于加工精度的限制，他每次制作的不同材料的灯丝粗细并不完全相同（误差，这可能导致灯丝的寿命不同），但爱迪生没有观察到这个细节；假设灯丝是他的助手打磨出来的，助手打磨的时候可能不小心把灯丝中间打磨出一个缺口（错误），但他和爱迪生都没有留意。

那么，这些不确定性意味着什么呢？无法重现的实验结果——每天的工作中都要面对大量失败。请注意，这是探索未知体系一定要付出的代价，也是研究的常态。

研究就是想在不确定的未知体系中寻找确定的结果，由于体系的不确定性，通常需要相对长的时间。衡量自己是否适合做研究，也许就首先要分析自己是否适合与不确定性长期共处。

二、长期专注——研究者的核心素质

研究意味着长期围绕着一个充满着不确定性的项目持续工作，通常至少是几周到几个月，也就是几十天到几百天，几百小时到几千小时；而一些规模较大的项目甚至可能是几年，几十年。需要我们有耐心、能坚持、保持专注。因此，我以为，在研究工作中，我们需要的核心素质是长期专注。

我想试着用几个生活化的例子，与自己和小伙伴们的日常科研工作类比，来解释长期专注的含义。

1. 在1000个碗里倒水，倒完了再倒出去，基本不允许漏倒，一年做30天以上。论移液器的日常。如果有一个管子忘了加液的后果……只能祈祷手上是个短周期的实验了（对于强迫症来说，最可怕的是不知道加了还是没加）。

2. 每天进行3小时的重复性活动（比如整理资料，每天有新的资料），一年做到300天以上。进行各种大规模筛选。如一个蛋白的Alanine Scan（大量重复的基因克隆操作），恐怕每天的时间至少要两倍于3小时，如果比较疯狂的话，每天9～10小时的工作量也不罕见（当然还会有一些别的工作，如果每天总工作时间只有9～10小时，在科研圈尤其是实验学科，一点儿都算不上疯狂，简直是休闲标兵了）。

为什么很难做到长期专注？大家看看那两个生活中的类比，也许就会有些感受了。

进行研究工作时，我们要刻意训练自己保持长期专注的能力。至于如何训练，我只能很遗憾地说自己还没有找到合适的“勺子”。个人的一点感受是，既然科研的基本模式如此（长期重复+大部分是负面反馈），我们首先要接受现实，不宜急于求成，也不能总是幻想奇迹发生在自己身上。

那么这段时间之中我们通常在做什么呢？

1. 牢牢记住并时常反思计划的目标是什么。

2. 重复进行观察与实验以消减体系外的不确定性（体系内的不确定性是无法消减的）。

说起来都是一句话，但是做起来真的需要我们付出长期艰苦的努力。

在这里值得特别指出的是，大家常说的“聪明”，也许并不是一个优秀研究者的必备素质。聪明通常是指做事速度快，更有“爆发力”。聪明的人适合一些重视速度的行业，如新闻记者、辩手、主持人（时效性）；而有的行业（如科研）更看重质量和深度，需要分析的问题规模也更大，需要长期专注，这时短期内的做事速度并不是核心问题。如果打个比方，聪明的人可能“短跑”会很快，但研究工作（特别是大项目）更像是马拉松；当然，如果在马拉松式的大型项目中不仅能保持长期专注，在关键时刻还能以百米速度冲刺的话，那就非常适合做科研了。

另外，我们目前的教育体系以考试为主，重视短时间的思考速度和准确性，相对忽视长期持久工作的能力。这对于选拔反应速度快的人很好，但对选拔重视质量和深度的行业的人才，也许还存在着一些问题。

三、还需要什么——一些也许可以锦上添花的特质

1. 对探索未知的爱好。探索（征服）未知是人们想象得出的最了不起的冒险，认识真理时的快乐是本身就可自足的思维之美——《致青年学者》。

2. 对所研究领域的热爱。

3. 独立自主而又兼容并包。独立判断，不受成见和他人干扰；尊重事实，有开放的心态随时接受新的事实（即使与自己的预判不符）。

4. 创造力——所思超越所学的能力。

5. 善于与他人合作。由于每个人的时间和专精领域都是有限的，合作在大型项目中通常具有重要意义。

6. 付出相当大代价的觉悟，包括而不限于物质利益和世俗享受。

7. 承受大量失败还能坚持工作，有不受或少受负面情绪干扰的韧性和耐心。

四、小结

做研究既不神秘，也谈不上神圣；日常的研究工作是与未知共舞，和失败相伴的漫长旅途，可谓步步荆棘，却也有认识真理刹那的纯粹快乐。做研究需要衡量自己是否适合这样的生活方式，不妨首先通过实践观察自己是否能够做到长期专注。

考研 该怎样准备呢？

郝亮

很多大学生虽然选择了考研，但是对于如何准备却感到无从下手。

近两年我辅导过五个人考研，一个考入北大，一考入中科大，还有两个考入武大，剩下那个则是中途放弃转考公务员。这其中，只有一个人的本科是“985”，其他全是普通学校。

接下来我就以辅导经验告诉你，如何做好考研的前、中、后期准备。

一、关于考研的一些事实

1. 考研复试存在学校歧视

复试时学校歧视一直都存在，来自好学校的考生明显更受青睐。

我辅导的几个人都是考比本校更好的学校，这点深有体会，我也摸索出了一套应对歧视的技巧，目前来看成功率百分百，会在后面分享。

2. 大部分专业学硕和专硕找工作没有什么区别

学硕考的内容比专硕难一些，有的学校学硕需要三年毕业，专硕两年就可以毕业，这给了很多人“学硕比专硕更好”的印象。但是实际找工作的时候，除了少数专业对口工作（比如教育方向的某些专业），大多数企业都不会对专硕学硕进行区分。如果觉得学硕较难考，不妨将专硕也纳入考虑。

3. 竞争者数量不多

考研有一定的特殊性，报考同一学校同一专业的才是直接竞争者。也就是说，虽然每年有将近 200 万人报考，但你的实际竞争者可能只有几百人。当然，竞争人数不多并不代表着竞争不激烈。

4. 绝大多数人选择的考研学校比自己本校好

中国很看重最高学历，无论是找工作，还是相亲，都是这样。考研对很多人来说是抹平学历差距的最后一次机会，所以选择报考好学校的研究生居多。

5. 复习中途放弃的人多

不同于初高中有老师保姆式的辅助学习，考研复习全靠自觉，遇到的问题全部要自己解决。因此每年都有大量考生中途放弃。能坚持下来，就已经赢了很多人。

6. 摇摆不定的人往往会悲剧

边找工作边考研、边考公务员边考研等，把考研当备胎的人有很多，除了少数天赋异禀的考生，结果往往都是两边不讨好。所以我推荐你专注于一个方向，不要两边摇摆不定。

7. 很多人被录取了但是没有去

从研究生初试完到9月开学报到，这几个月的时间里会经历：校园春季招聘、公务员考试等各种事情，直接导致了很多考生明明被录取了却没有报到，但是又把那些想去的考生名额给占了。这让很多导师很烦，所以某些时候在复试环节向导师强调一定会去可能会收到奇效。

8. 跨专业难度没有想象中的那么大

跨专业考生不必担心竞争不过原专业的。其实考研的时候大家的知识水平差不多，并不存在原专业的就一定厉害一些的情况。跨考不要背负过大的心理压力，正常复习正常发挥即可，每年跨考成功的人数比你想象中多得多。

9. 英语、政治70算高分，80算超高分

一般复习没有走偏的人，英语、政治保证58分以上是没有问题的。不要想着靠这两门来拉分，也不用担心被拉分。

10. 数学、专业科拉分最狠

数学和专业科都是150满分，考研初试能否力压其他竞争者，很大程度上由这两科来决定。在复习时间分配上，这两门要多一些。

11. 情报非常重要

情报收集是考研中最重要的一环，甚至超过了复习，它很大程度上决定了你这一年的努力有没有白费！

很多人都忽略了情报，觉得某学校某专业很好，也不做调查，就开始埋头苦学，辛辛苦苦进了复试，结果没想到名额被保送的占了大半，还有很强的本校考生偏好，最终只能选择调剂。复习前一定要对报考目标进行详细调查，尽早发现问题尽早应对。

二、学校专业选择

关于这个话题，说个几天几夜都说不完，因为每个人需求都不同。

推荐一个思路：根据工作意向来选择，毕竟考研的最终目的还是找更好的工作。

举个简单的例子，考生A将来想要进互联网企业做技术相关工作，那么可以按照下面这个逻辑来择校。

1. 经查国内最火的互联网公司有腾讯、阿里巴巴、百度、360、网易等。

2. 将近五年这些公司的校招地点全部找出来，发现他们每年都去了清华、上交、浙大、华科、中科大、西交等，说明这些公司都对这些学校的学生有明显偏好。

3. 查询近五年来这些学校计算机、软件相关专业招录人数，分析保送名额、分数线等，对难度进行评估。

4. 找到这些学校的学长进行咨询。

5. 根据个人喜好、学习能力、报考难度等进行选择。比如A是南方人，更适应南方气候，并且能力中等，冲击清北浙交感觉信心不足，外加咨询很多学校前辈后，最终选择报考华科软件学院。

写这个例子的意思不是说一定要按照这个思路去择校择专业，重点是，不要拍脑袋决定考哪儿，一定要尽可能地收集情报后再做判断，这样可以避免很多的坑。

现在网上很多机构会打着学长或者老师的名号来指导你报考，信他们不如信自己，如果这点决策都无法独自完成，将来怎么在社会上混？

三、各科特点

1. 数学

这一门极度“血腥”。政治、英语能拉开10分的差距就已经不错了，但是数学一拉就是几十分。它能让你一败涂地，也能拯救你的整个成绩单。

我就是一个被数学拯救的人。

数学考三门：高数、线代和概率（数一、二、三有区别）。

考试对高数的要求是最高的，分值最高，蛮力计算很少，更多还是通过一些通用的技巧来解题，比如换元法、常用式子结论等。这也是造成数学分数差距巨大的重要原因：高数的分值比例最大，熟悉通用技巧的人很容易解答，而不熟悉技巧的人没有思路用蛮力又解不出来。数学扣分点主要在高数。

所以在学习高数的时候，一定要多做题，各种类型的题目都要接触到，各种常用解题套路也要熟悉。考研数学被研究到今天，基本套路都已经被穷举出来了，多做多背，要看到题目就想到对应的套路。

线性代数整门课都在讲一个东西：如何解线性方程组，怎么去消元（矩阵变换）、怎么表示解（向量）等，基本上所有的知识点都可以用这个逻辑去串起来。考试对线代的要求就是算算算，题型非常固定，每年都有很多人拿满分，难度系数较低。在学线代的时候要多算，没事就算算算，一定要提高计算的准确性。

概率在很多人看来是玄学，学起来莫名其妙。其特点是概念多，概念间的关联相对较弱，这门课要多背。考试对于概率的要求就是套套套，当你把题目和对应的概率模型套对了，你就成功了90%，模型套错了，0分。每年这部分拿满分的人也不少，难度系数比线代还低。在学习概率的时候一定要把握不同概率模型的区别，知道什么情况套什么模型。

2. 英语

单词 + 长难句 + 作文模板 = 60 ～ 70 分

英语能把卷子看懂个七七八八，再加上平时的训练，基本上 60 分没有太大问题。而看懂卷子，无非就是搞定单词和长难句。

（1）完形填空

完形填空是最没有必要花大量时间去复习的题型。

考试一共 20 题，每题 0.5 分，共 10 分，典型的题多分少，投入回报不成正比。平时没事的时候训练一下，能保证个四成正确率就行了。

（2）阅读理解

阅读理解分值超高，4 篇 ×5 题 ×2 分 =40 分，难度较大。这里要争取拿 30 分以上！

一定要先看题目再看文章。题目答案在文章里基本上都可以找到对应的句子。题目的先后和文章的前后是有对应关系的，做第一题的时候千万别去最后一段找答案。文章的关键和题目答案往往隐藏在长难句当中，碰到不懂的长难句一定要记在笔记本上，方便后面回顾。

当长难句看得多了就会发现，长难句实际上读懂简单，只是自己写起来难。而需要写长难句的地方就是作文，有模板的情况下也不用自己去写了。所以不要对长难句心存畏惧。

（3）翻译

考试的翻译部分总会有几个单词不认识，很正常，要根据上下文来猜意思。我一直觉得翻译考的就是“根据上下文猜意思”。

（4）写作

写作有两题，小作文和大作文。

小作文一般是写一个固定格式的陈述文字，比如邮件、通知等，一般是描述某个事情、活动、推荐等。而大作文就是小学语文的看图说话，一般套路就是描述图片 + 摆观点 + 论述观点。

作文要背模板已经不是什么秘密了。有人担心大家用到同一个模板上，改卷老师会扣分。其实完全没有必要担心，老师只会根据文章的立意是否合适、表述是否清晰、语法是否正确、用词是否精准、逻辑是否清楚来评分，哪怕是同一个句式都在用，只要用得对，就不会被扣分。

3. 政治

政治的神奇之处在于，一个三观正常的人去裸考都能考个 50 多分，而一个复习充分发挥超常的人考个 70 多分就算高分了。政治可以放在 10 月份以后再来复习。

政治试卷分为：

单选 16 题 ×1 分 + 多选 17 题 ×2 分 + 大题 5 题 ×10 分

=100 分

其中多选是扣分重灾区，得分率都很低。大题和单选是浑水摸分的好地方。

答大题的时候千万不要写的超出答题区域，阅卷老师在电脑上改卷时看不到，字迹一定保证清晰可看。

大题最好采用“总—分—总”式结构答题，有什么结论在第一段和每一段第一句就丢出来，一定要显眼。阅卷老师改一道大题不到 1 分钟，不要让阅卷老师在你的答案中去找得分点。开始一部分试卷老师会仔细找，但是到后面疲劳了，谁也不能保证老师还能保持精力集中。

结尾的“总”最好写一些自己的感悟，比如：作为新时代大学生的我们，我们要……

4. 专业课

去找目标学校已经考过的师兄师姐咨询，每一个考过的人或多或少都会有一些干货的。

四、资料选择

1. 数学

（1）高数教材：同济版

（2）线代教材：同济版

（3）概率教材：陈希孺版

有自学能力的可以直接啃教材，这几本教材编写得非常不错，啃起来并不难。如果觉得实在有难度，可以配合着网课来听。

要注意，网课最多只能帮你节约一点复习时间，有些自己看书比较费时间的内容在老师的帮助下可能很快就通了，但它是无法帮你提升成绩的，想考高分还是要自己去学去练。同一个老师教的学生成绩有好有坏，这样的例子相信大家都见过。

（4）李永乐的复习全书

我辅导的几个数学没有低于 130 分的，他们有一个共同点：把这本书完全吃透！我随便点全书中的一个题，极少有不会做的，随便点一个知识点，极少有不会背的。可以说市面上所有资料的题，都能在这本书中找到原型。资料一定不要贪多，浪费时间又没有多大效果。

2. 英语

（1）单词

考研的词汇量在5000～6000个，其中高频词汇只有1500～2500个。

这里推荐先背真题里的生词，再背单词书。有人汇总了近几年真题里的单词，并将它们按照出现频率排了序，可以去网上找找看。

单词书可用新东方绿皮乱序版。

（2）长难句

长难句核心体系就两个——从句和非谓语。能把一个句子的主句找到，就可以看懂它的意思了。资料用何凯文的《长难句解密》。如果觉得看书吃力，也可以看何凯文的网课。

（3）作文

资料用新东方的《考研英语高分写作》。

（4）阅读理解

推荐张剑的黄皮书《新编考研英语阅读理解150篇》。一定要把文章里所有不懂的长难句全部记在笔记本上，方便后续回顾。

（5）完形填空

新东方《考研英语完形填空精讲精练》。

（6）真题

考英语没有哪本资料比真题更重要，2010年以后的真题里所有的生词要背下来，所有的长难句要全部看懂看透，所有的文章要全部读通。

3. 政治

“肖秀荣全家桶”：

《命题人知识点精讲精练》+《命题人讲真题》+《命题人 1000 题》+《冲刺 8 套卷》。

五、复习方法

1. 数学

数学的复习战线要长，四轮复习，节奏上前紧后松，初期要有大块的时间给数学，到后期的时候，可以每天只抽一两小时出来做做题，保持记忆和手感。

第一轮：全科扫盲。3、4、5 月完成。这一轮啃教材，做复习全书例题。三个月的时间里，两个月给高数，一个月给线代和概率。每天保证起码 8 小时给数学。

第二轮：习题轮。6、7、8 月完成。做复习全书的习题，错题全部往错题本上记，不要偷懒，有多少记多少。碰到不明白的知识点再回过头去看教材。

同时这一轮里，每周日用来做之前的错题，这很重要！这段时间会是你数学成绩的疯狂增长期，重复做错题对备考的作用会超乎你的想象。

这一轮里每天保证半天给数学就行。

第三轮：查漏补缺轮。9、10 月完成。经历了第二轮，基本上基础已经很牢了，这一轮再快速地扫完整本复习全书的习题，查漏补缺。每天也只需要留出半天给数学就行。

第四轮：备考轮。11、12 月。这一轮模拟卷做起来，真题做起来，调整心态，准备上考场了。

2. 英语

（1）每天雷打不动地早中晚各半小时背单词。

（2）6、7两月学长难句。

（3）8、9、10、11月做完形填空、阅读理解，将长难句融会贯通。

（4）12月做真题、背模板。

和数学一样，每周安排一天来做错题、分析之前没看懂的长难句。无论是做真题还是做资料，把自己不懂的长难句要全部记在笔记本上，方便后期重复学习。基本上这一套下来，60分妥妥的。

3. 政治

10月以后每天抽一两小时出来复习政治，把上面说的资料啃下来就行。

六、如何应对复试时的学校“歧视”

每年都有很多准备逆袭的考生倒在了面试这一关。

面试说得直白点，就是有没有导师看上你，看上了后面顺理成章，看不上一切白搭。有些时候甚至只要有导师要你，你的复试笔试成绩差点都无所谓。

那如何才能搞定导师？基本套路不外乎先了解导师需求，再看碟下菜。

高校里导师是有自己的生存规则的，他们的压力主要有两个：职称评定压力和生存压力。

职称评定简单地说就是讲师想升副教授，副教授想升教授。升级需要有科研成果，说白了就是项目、专利、论文等这些。

生存压力就是收入，一般分三块：课时津贴、项目基金、外快。

课时津贴很少很少，一个导师如果只有课时津贴，那他的日子就比较苦了。

如果他手上有一个项目并且申请到了科研经费（项目基金），那日子会好过很多，因为很多东西都可以报销了。

外快不必说，导师平时可能会接一些项目来赚钱。

说到这里大家肯定明白了，导师最关注的东西就两个：项目和论文。

那这些项目谁来做？这些论文谁来写？当然是研究生啊。所有的项目成果、论文都会写上导师的名字。这也是为什么你会听到很多师兄师姐把导师称为“老板”——就是给导师打工嘛。

这也是为什么分数、表现差不多的学生里，导师会选择学校好的——因为导师会默认好学校的学生有更高的概率帮他完成项目、发表论文。

所以，对于逆袭的考生来说，破局点已经很明了：证明自己比其他人有着更好的做项目能力，有发表高质量论文的潜力。

那该如何做呢？下面拿计算机系举例。

（1）初试到复试这几个月间学一门编程语言，做几个项目，在一些科技媒体上投放一些文章，比如腾讯科技，花个两百块就可以投放一篇了。这几个月千万别放松，请拿出比备考更足的劲头来准备。

编程语言和项目哪里找？网上搜一搜，免费资源一大把。

不用写得很深，你能发出来文章，在导师眼里已经比那些没文章的高出一大截了。

如果有自己的技术博客，那就更好了。

（2）提前联系学长，了解导师目前手上的项目是哪些研究方向的，你提前在这些方向上进行深入了解，最好能在网上找到相应的项目去做一做。

（3）在面试之前就去联系导师，邮件也好面谈也好，悉心准备好说辞，把自己准备的这些项目和文章都展示出来，同时展现出对导师目前研究方向的深刻理解，能做到这些基本上你就比绝大部分考生要强很多了。

很多人初试过了就直接去给导师发邮件，说想到手下当研究生，但请至少带点干货在里面再发邮件嘛……一个热门专业的导师每年都会收到几十上百封这种邮件，人家凭什么记住你？凭什么就要你？

（4）复试笔试正常发挥，到面试时，再次尽情地展现这几个月的“成果”，只要你不是太点背，拿到通知书的概率还是挺大的。

其他系导师都可以按照这个逻辑来搞定。其实这是一个很公平的事情，高考没考好，在考研的时候就要付出更多。

七、如何持续而高效地学习并坚持下去

1. 关于一天当中持续高效地学习

进入状态是一个循序渐进的过程，包括很多顶级“985”院校的考生，刚开始备考的时候也是容易走神。毕竟本科几年过得相对松散，不可能一下子进入全天候高效学习状态。

就拿我带的几个人来说，从最开始看 1 小时书都费劲到后面每天学习 10 小时以上，都用了差不多 1 个月的时间来调整。

一定要给自己一个缓冲期，逐渐提升学习状态。不要一开始就

想每天能学十几小时。

2. 关于坚持

（1）题目做不对会有很强的挫败感。事实却是复习的前中期就没几个人可以把题做全对的。就拿我辅导的北大少年来说，他的数学错题本记录了复习全书近 90% 的题，特别厚。这意味着什么？意味着他去做全书的时候基本上全错。但这又有什么关系？复习之所以是多轮而不是一轮，为的就是搞定这些前面搞不定的东西。所以不要因为前期学不会就放弃，大家都差不多。

（2）考研有很强的"半途效应"。一个人在长时间的复习当中会遇到失恋、诱惑、意志不坚定、问题搞不定等各种事情，任何一件事情都有可能使整个复习崩盘。绝大多数人都有过放弃的想法，包括那些大家眼中的超级学霸。

推荐一个帮助坚持并且能极大提升学习效率的方法：记录自己每一次学习时间。这也是我对手下考生的硬性要求。

这里也推荐一下这个 App：Timing，上面学习氛围相当不错。

这些学习记录是克服考研"放弃、懈怠心理"的最好武器。我带的几个学生不止一次和我说想放弃、懈怠的时候，看看以前的记录，感觉已经投入这么多了，好可惜。后面顺其自然就坚持了下来。

同时，计时可以明显提升学习效率，这个我在辅导中已经验证。一个简单的操作，却能带来极大的回报。刚开始计时肯定会不适应，会有多计或者漏计的情况，不要紧，习惯都是慢慢养成的。

最后，考研不是选秀节目，不相信眼泪，也没有故事，唯有坚持与套路。

祝你备考顺利！

受用终身的选研校技巧

红果研教育

“我决定考研，但如何选择一个适合自己报考的学校呢？”

这个问题说简单也简单，说难也难。如果你执意要考清华，不怕难不怕累也要圆自己的清华梦，那这种选择就直截了当，简单明白。但对于大多数同学来说，如何选择一个自己中意并且认真努力复习可以考取的学校，却是个很有难度的问题。每年出成绩时都会有大批人苦恼，分数低的抱怨报考学校分数线太高，分数高的后悔为什么当初不报个更好点的学校。

选择永远比努力更重要！选择对了，越努力越幸运，选择不对，越努力越难受。接下来我将详细地向大家阐述，如何才能大浪淘沙，选出一个适合自己报考的学校。

选择院校有两个重要因素。

因素一：地区

选择考研学校的一个重要因素就是学校的所在地区。原因很简单，大家以后工作的地区往往就是即将就读研究生学校的所在地以及附近区域。比如，如果不想离家太远，就可以在居住地附近省份选择高校；如果想要到大城市打拼，可以选择北上广的高校；如果希望以后生活环境好，可以选择江南的一些高校等。

因素二：专业

大家之所以决定考研，大部分原因是为了找到高薪水工作或者想在自己感兴趣的专业领域有所建树。因此你需要关注你想报考学校的这个专业就业前景如何，工资水平怎样，未来可有发展，是否适合自己？这些因素大家都应该仔细考量，不要鸭子过河——随大流。

当大家考虑好这两个重要因素后，学校的选择就可以开始了。这里以中国研究生招生信息网（研招网）给大家举个例子。

首先登录研招网。找到硕士专业目录查询，点击进入。然后在里边输入前面之前说的两个重要参数，以北京、信息与通信工程为例，在“所在省市”一栏里输入“北京”，“专业名称”一栏里输入“信息与通信工程”。点击查询，北京所有招收本专业研究生的大学都会被罗列出来。里面还列出了学校特性、是否自主划线等。接着可以点击进入查看详情。

然而在上面这些学校里，你还是要继续做出选择，确定哪个是最适合报考的学校。

接下来的选择你需要考虑以下三个因素：专业排名、招生人数和录取的大致分数。原因很简单，大家往往想知道哪些学校的目标专业更好，以期有更好的发展平台。而招生人数和录取的大致分数则决定了报考的难度，招生人数少而录取分数高则说明报考难度大。

1. 网上公布的专业排名比较多，而且比较杂。这里给大家推荐一个相对来说比较权威的一个网站：中国科教评价网。选择想要查询的一级学科名称、年份，点击查询，你就可以看到专业排名的情况。

2. 招生人数、录取分数（拟录取名单）可以去目标学校的研究生招生网站查询。一定要对这两个指标有个基本的概念。

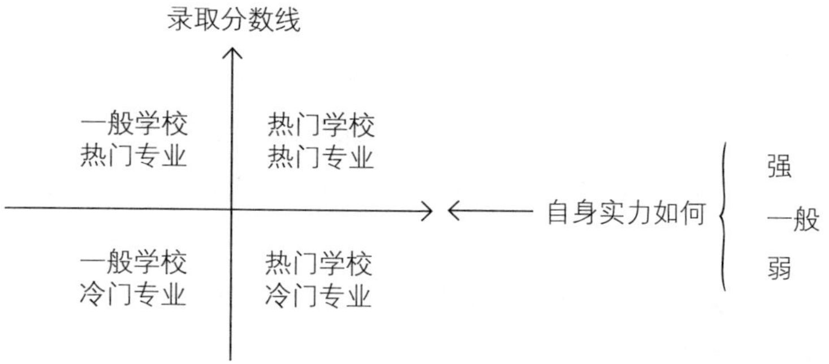

纵轴表示报考学校录取分数线，越往上，表示报考学校分数线越高，横轴表示自身能力，越往右，表示自身实力越强。

怎样确定自身实力强弱？实力强不强不是嘴上说的。你有没有年年奖学金？绩点如何？拿过奖项吗？不要跟我说大学成绩水，这些东西就足以说明你是否有正确的学习态度和思维。如果你考研时刻苦努力，那么你就是实力强的同学。反之不懂得怎么去学习又不努力的同学，你的实力就比较弱了。

结合坐标轴，做出如下总结。

（1）自身实力强，对学校、地区、专业要求高，则选第一象限，好学校，好专业。

（2）自身实力弱，对学校、地区、要求不高，对专业要求高，想加深专业学习，则选第二象限，一般学校，热门专业。比如，金融专业很热，好学校考不了，自己又特想读，可以选苏州大学的金融专业，或者其他地方学校的金融专业。

（3）自身实力弱，对专业没啥要求，只在乎学校和地区，则可以选第四象限热门学校的冷门专业。比如，北工大的企业管理，经管学校的工科专业，央财的计算机专业，或者一些小专业（报考人数少，录取也少的）。

（4）自身实力弱，对学校、专业、地区也没啥要求，只想混一个研究生学历的，则选第三象限，一般学校，冷门专业。这一象限适合本科是三本，或者专科，或者在职考研，只对学历有要求，方便以后晋升。这一类同学，优先推荐选一些二线城市的“211”学校，找自己感兴趣的专业报考，那样相对难度低，学校也不太差。比如，云南大学、广西大学，一志愿报考人数少，你只要过线，几乎都能录取。

总结：

了解了怎么选择学校之后，再结合自身的水平以及能力，就可以确定适合自己报考的学校了。这样的选择也是最合理、最科学的。

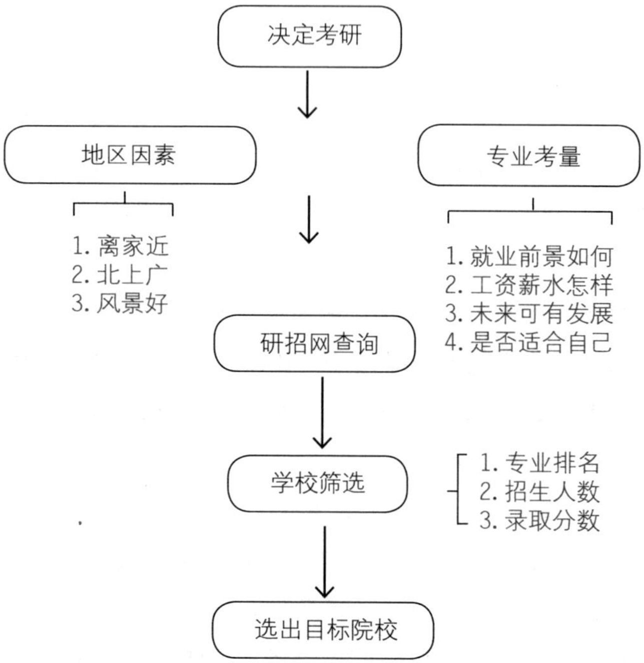
决定考研
地区因素
专业考量
1. 离家近
2. 北上广
3. 风景好
1. 就业前景如何
2. 工资薪水怎样
3. 未来可有发展
4. 是否适合自己
研招网查询
学校筛选
1. 专业排名
2. 招生人数
3. 录取分数
选出目标院校

读博前 需要明白的一些道理

励静合

回想读博的四年多时光，真正带给我收获的不是科学研究的结果，而是这几年时间里面明白的道理，做人的，做事的。这里面有一些最重要的部分，我想用简单的一篇文章和准博士们分享。

当然，也许现在看这些话很假大空，或者说很抽象，那么就边读边看吧，有些道理总是要结合实践才会浮现的。

一、努力

如果说只有两个字可以说，我会选择这两个字。看似假大空，却是真理。在我读博期间，曾经有一段时间因为整个实验室在“偷懒”，而情绪低落。这时候，有一位同系的教授和我谈天，对我说了一句："你一定要记住，你读博时期的竞争对手，不是你的实验伙伴（Labmates），而是全世界的博士。"毫不夸张地说，这一句话简直点亮了我的整个后半程博士学习。

现在回看，努力读博可能读成各种样子，但是不努力读博，大抵就只有一个样子。任何一个带着混学位的心态来读博的人，最终也许会得到学位，却永远地失去了求知路上最艰难也最有收获的一个机会。最终，拿着混到的学位，才发现自己也许和本科或者硕士生没有区别，何等的悲哀。

不过和任何力一样，努力也有大小、方向和作用点。没有了解正确的求知或者实验方法，只是一味追求在实验室里蹲了几小时，最终可能也只是效果平平。

二、不要只会做科研

不管你以后要做研究员、教授还是首席执行官（CEO），只会做实验写论文都不能让你走得太远。想想你最想遇到的教授是什么样子的，大抵是学富五车，站得了讲台，讲得了实验，还很会带学生，甚至还会谈生意。这些事情都不是一天两天能练成的。

你也许会很快开始嫌弃自己的导师在某些方面做得不好，但是在你做得比对方好之前，不要轻易抱怨。同时，不妨去看看你已经工作的同学正在追求什么软实力，在这方面，科研界和非科研界需要的其实相差无几。而这些能力等拿到博士学位后再去锻炼也许就太晚了。

三、多思考

多思考科研，也多思考人生。我看到很多新学生很担心自己没有实验做，但是我更担心他们在我离开实验室后不知道自己现在做的实验的意义。要成为一个好的科学工作者，需要花很多时间去思考你的研究，哪怕你只是把它当作发论文的工具。同时，不妨多看看书，各种各样的书。我很感谢读博这些年我看过的大几百本书，它们是帮我解决各种问题的核心力量。

不管你是研究什么学科，都不妨去图书馆，从“A”打头的书目开始，拿几本翻翻，一直走到“Z”。这会是一种奇妙的体验，也会很快打开你的视野，改变你思考的方式。

四、和正确的人一起做正确的事

选导师是一件非常重要的事情，重要性不低于选男女朋友和选工作，请务必三思。博士导师可能会是你一辈子的资本，也可能是你一辈子难以抹去的污点。既然你买衣服都要去试衣间试穿，那么要和你共事多年甚至结交终身的导师当然值得你日夜不眠地去思考，去选择。不要只听别人对这个导师的评价，就跟你不会去和一个素未谋面的人结婚一样，去和导师交谈，甚至尝试去导师的实验室待上一段时间，再做出这个重要的决定。年轻不年轻，有名不有名，有时候不是最重要的，但是这个人学识和人品的高低，以及他对学术圈规则的了解和野心，却是必须要考虑的。

这句话同样适用于你对待自己实验伙伴的态度。你大多数的实验伙伴最终和你办公室的同事没有差别，你可能遇到知己，也可能遇到人渣。所以不要因为遇到一个人渣而把自己也变成人渣。不管你遇到多么奇葩的猪队友，尽量让自己不受影响，且尽量帮助你周围的人不受影响。因为一个实验室都士气低落的时候，你自己也很难独善其身。

五、记得及时考虑博士毕业后的出路

这个时代的美好在于自由。不管别人怎么看待离开学术圈的人和不离开学术圈的人，有色眼镜一定是有的，但是我们是自由的。没有人能够阻拦你，除非你走不动。而不管你想走向何方，在这个高竞争的时代，你都需要做好准备。

我的建议是在毕业前的两年（最晚一年半左右），给自己写一份简历，开始想象它最终的模样。然后在这一年到两年的时间里，把想象变为现实。如果觉得两年也做不到，那就提前三年开始吧。

六、做一个好人

“聪明是一种天赋，善良是一种选择”，这句话我在读博期间感受太深。在我们20多年的时光里，聪明固然重要，但是渐渐地，你会发现努力和善良才是更重要的品质，往往后两者才是决定我们能不能实现人生梦想的最关键因素。具体说来，一个实验室里的好人至少是在一个人实验时能慎独；和同伴一起做实验时，会在关键时刻主动承担责任，哪怕有时候自己看起来“吃亏”；成为实验室前辈后，能抽出一定的时间来帮助后辈，不管是科研上的还是生活上的。人生路很长，好好走，不急于一时。

工作后，我发现读博和工作有着微妙的共性。比方说，读博让我学会了如何在资源有限的情况下，将老板脑袋里一个抽象的思路变成一个个具体的实验并将其实施，再最终组合成一个产品。这个过程是不是套用任何工作都成立？而这个过程中间需要调用的各项技能，和所有公司招收的任何岗位的核心技能也都是相似的。也就是说，如果用心读一个博士，你将会收获一个顶级初级雇员拥有的所有能力。如果你没有，那很可能只是因为你的博士读错了。

有没有必要出国留学？

常成

我本人是一名不大不小的海归，我的海归同学们，因为各种各样的原因出国留学。同时我在帮助同学们准备留学的过程中，又遇到了很多同学，怀揣着不同的想法想要出国留学。基于这么多的观察和交流，我很确定“有没有必要出国留学”这个问题的第一条原则，就是没有标准答案，留学对于每个人的意义都不同。

一、留学对于每个人有各自不同的意义

我还记得第一次遇到我的老板，聊到各自的留学生涯，他对留学的描述是如此简单干脆，“我来英国就两个目的，一个是拿绿卡，一个是名校身份。”因此虽然他的留学之路遇到了各种困难，过程

绝非一帆风顺，但历经打拼，他拿到了剑桥大学的博士学位和当地的永久居留权。“看到身边的朋友都回去了，我也很辛苦，但我总会跟老婆说，想想咱们来是为什么，没拿到绿卡，没拿到剑桥大学的学位，绝对不能回去。”这就是他 16 岁出国，学费没向家里要，最终获得剑桥博士归国的故事。如今回到中国，虽然他还没到 40 岁，已是身家上亿，事业有成了。

与我的老板不同，我也有宾夕法尼亚大学的同学觉得留学不过是职业发展的一个跳板，所以当他看到职场发展机会的时候，学历或者身份的结果就变得不重要了。他在硕士第一年暑假回来的过程中，通过一封“用户建议信”获得了当时知名社交网络产品经理的赏识，直接越过各种流程拿到了产品团队的高薪 Offer，于是他秋季就没有回到宾大，办理了休学，开始了他事业打拼。后来那个公司上市后，他的期权得以套现，如今跳槽到另一家互联网公司，拿着高薪的同时业余时间搞着小型创业，也是不亦乐乎。

这两条轨迹，都是成功的人生之路，但他们在留学过程中的选择却是完全相反。所以留学的意义究竟是什么？没有标准答案，重要的是记住自己的初衷和目标，这样才能在关键的时刻做出最正确的决策。

然而没有标准答案，却绝对不可以没有答案。也有一些同学告诉我，现在还没有想清楚自己的定位和方向，所以想出去看看。在这种情况下出国，对于大多数的学生来讲，并不是一个好选择。

二、没有目的的留学不是好留学

我有一位朋友，当年准备出国学金融，本科毕业以后同时获得了英国伦敦政经大学和美国普渡大学的录取通知，因为没有真的想清楚究竟要去哪儿，所以一度左右为难。最后她怀着美国比英国好就业的想法，放弃了名校，而投奔了美国名气稍逊的普渡大学。然而在她2008年研究生毕业时，美国遭遇了金融风暴，美国人都被各种裁员，更别说刚毕业的国际学生了，于是背离了最初的目标，她匆匆地回到了国内，却发现国内金融圈里，学历并不比关系重要多少，她在离开的这段时间里，反而没能得到这方面的积累。只得以新人的身份进入职场，最后和很多大学本科生回到了同一起跑线。

这就是传说中最常见的，“走一步看一步”式人生规划。由于走一步看一步，所以很容易迷失方向，还容易走回头路，这时哪怕腿脚再强健，也走不出个章法，更发挥不出潜力。这位同学的第一个错误，在于把目标建立在一个不真实的假设前提下，那就是美国毕业容易在当地留下，而没有从以下两方面评估这个“留在美国”的目标。

1. 对于她是不是足够重要，如果是的话，哪怕拿一个没有薪水的实习，也应该先在当地工作一段时间，克服困难也要留下。

2. 实现的可能性是否大，不确定因素多不多。事实上哪怕没有经历金融危机，美国金融业也不轻易招募大批国际学生。所以从一开始这个目标设定本身和她当时的状态，就在一定程度上决定了这段留学日后出彩的概率较小。

但是中国学生里，找不清楚个人定位，看不清未来形势，摸不准自己所适合方向的人是多数。从小在独木桥上打拼过来，学校、家长和老师都告诉自己这条是唯一的路，不用考虑选择的问题，只需考虑努力的程度。于是伴随着和同龄人竞争所带来的安全感，你就一直回避做出对自己负责的选择，直到上了大学，就好像是一直在游泳池学游泳的人突然进了汪洋，不知道要向何处游、怎么游，你搞不清楚人生的意义，不知道大学的价值，更不知道毕业以后要做什么，甚至多半连大学专业也是蒙着眼睛，基于各种假设或父母的建议选择的。

独立思考和自我决策也是一种能力，不是一夜顿悟就能熟练掌握的。处在懵懂状态选择留学，就和很多学生选择考研或者选择一份安稳的工作一样，并不是一次主动的选择，而是一次对自我反思的回避，希望把最困难的问题留给未来和未知来解决，当有外力逼迫时再自己解决，而这个根本性问题就是“自己究竟想要什么样的生活。”

三、寻找意义和目的的方法

当我们意识到意义不是别人给的，而需要自己找出来的时候，我们就应该清楚，人生每个节点都面临着重要决策，每个阶段都需要认真规划。我的同学做留学决策时常用以下三个步骤，这三个步骤能指导你回答：出国还是不出国、去哪个国家、什么时候去、学什么专业等，在这一系列选择的之后，出国的意义就逐渐清晰起来了。

第一步：通过回顾阅历，测试挑战，听取意见，定位自己。

无论是职业规划还是教育规划，最大的难点不是向外分析就业形势或者专业热门程度，或者被学校录取的难易程度。最大的难点是向内分析，究竟这个专业是不是我想要的，在这个地方以这种形式学习，是不是能激发我最大的潜力，我究竟是个什么样的人，想要什么，能做到什么，能做好什么。

认识自己，首先，是认识以前的自己。年轻人不知道自己有多么善于忘记，很多次已经发现了自己的长项，有了很出彩的表现和令人骄傲的成绩，却又忘了其实这可以打造为自己的核心竞争力。有时候随波逐流惯了，自己并没有挑选最能挑战和体现自己强项的事情去做，而是按部就班地做被要求的事情和工作，以至于哪怕自己是有特点有专长的，也在平庸的过程中丧失了对自己骄傲感的回忆。因此我建议想要定位自己的同学，拿出一张纸，回忆过去的三五年中，哪三件事你做得最有成就感，以至于你当时有一种这件事别人都比不上我的冲动，找到这三件事，然后分析它们背后所体现出来的你的优势和特点。

其次，就是通过自己设定的挑战来测试。比如一方面说自己不适合中国的教育模式，另一方面从来不选小班研讨课，也没参加过出国的夏令营，也没进行过交换生学习，甚至没有主动做过独立的论文研究和课题展示，如何能判断自己更适合海外的教学模式呢？

再次，听取别人对自己的评价。没有人能够完美地认识自己，正如没有镜子，我们可能连自己的脸都洗不干净。真诚的、有经验的、专业的人的意见，很多时候反映了自己所看不到的那一面。然而有时因为信任没有建立，别人不敢评价，有时因为同学好胜心太强，不愿意听不好的，反而只想反驳和争辩，于是错失了对自己加深了解的机会。良药苦口利于病，忠言逆耳利于行。一个受不了批评的人，就失去了借助别人力量进步的可能。

第二步：增加体验、向过来人请教，让理想落地。

很多时候最可悲的地方不是实现不了理想，而是实现以后发现和自己想象的完全不一样。为了避免这种订立目标时假大空的倾向，我的建议是去看看那些觉得自己已经实现了目标的人是什么状态。在寻找意义时，坚决杜绝闭门造车，可以进行目标学校走访、目标学校校友访谈，看看出国进了那个学校，究竟能不能实现自己的想法，搜集更多关于理想的现实资料，让理想落地。比如你想要做一名老师，暑假就可以先去支教或者兼职教书体验一下；比如你想要做一名主持人，那就通过各种途径与一名现任的主持人交流，看看那是不是你想要的状态；比如你想进宾夕法尼亚大学读书，就来和我聊天，问问那里学习和生活真实的状态是什么样子。

只有当理想落地变成丰满的认识时，这个理想才能被分析和分解，而目标分解成小的任务，才可能被实现。

第三步：算清成本，责任自负。

出国留学从成本面来看，首先包括直接经济成本：留学学费、留学生活费、留学申请费用、语言学习费用等，然后是直接时间成本：出国读书的时间、申请留学的时间、提高语言成绩的时间等。

然后还有机会成本的经济部分，留学期间没有工作，大学准备留学期间没有兼职所以少挣的钱，以及机会成本的时间部分，原来可以用来工作、旅游或者课余玩乐的时间现在用来准备留学和留学。

所谓风险自担、责任自负原则，就是当你清楚地算出来这些成本以后，评估自己留学的预期收益乘以获得这个预期收益实现的概率，仍然是大于成本总和的时候，你就可以理直气壮地说，没问题，留学是一个合理的决定。

如果说经济成本对于大部分中国孩子不能感同身受的话，因为大部分孩子实际上是从爸妈身上借过来的钱。那么时间成本，则是真真正正每个人要付出的开销，老妈再努力，也没法还你一个青春，因此这几年时间的成本，恐怕是你真正要算清楚的。

所以找张纸，把能算出来的成本写在左边，把出国的目标写在右边，就像淘宝购物似的比一比，这个价格是不是太高了，要买的东西有没有那么想要。

假如你经过对比，感觉这个成本太高了，付出这么大的代价来留学，这个投资风险太大了，那么就有两种选择。

1. 讨价还价：选择一个成本更低的留学方案，比如申请奖学金，比如选短期的项目，比如申请容易上的大学，缩短准备的时间。

2. 要赠品或者换东西：选择一个收益更大的留学方案，比如同样开销，不如去个名校，或者既然出去，不如在外面把钱挣了再回来，或者其他。

以这三个基本步骤为“道”，辅助着一些工具为“技”，我们就能做出自己的教育和职业发展的规划。有了规划和目标的留学生，就像是走上跑道的运动员，他们绝对不会跑一步看一步，而一定是放出自己全部潜力地跑；也只有在这种情况下，人们释放出了自己全部的潜力，最充分地利用有限的时间和资源，才可能实现更完整的自我。

再回到那个问题，有些朋友说，我出国的意义就在于，通过在国外全新的环境下挑战和生活，确定自己究竟想要什么，想得到什么。

出国寻找意义不是不可以，但一定要采取先穷尽低成本的方法。在交换学习、经验请教和测试挑战等环节之后，清楚用留学的时间和金钱成本来实现找人生意义这个目标对于个人是划算的、值得的。那么在这种情况下，我鼓励你去继续发现自己的可能性。但是记住，一旦增加体验、寻找自我本身成为目标，就要牢记这个目标，如果出国以后没有去尝试体验更多新的生活方式，而是在中国学生圈宅着，放假不打工，社交活动不参加，还不能开放学习国外文化，一天到晚在家刷人人刷微博……那么这个目标就一定是定错了，这个留学的意义对自己也就不大了。

出国留学的意义是什么？

王诺诺

我上中学的时候，电视里放过一个段子，说有个人去美国旅游，想上厕所了，到处问哪有“WC”，居然没人能懂。主持人评论道，“WC”其实是极其土鳖的译法，现在国外没人知道“WC”，就连“Toilet”都是过时的翻译，应当用“Bathroom”替代。说完他又摇摇头，北京奥运会要开了，我们基础设施的翻译水平还有待提高，不要在外国友人面前丢脸呀。

屏幕外的我深以为然。

高中时我跟家人去美国玩，接受过20世纪80年代英语教育的我爸想找厕所，也是拉着人就问哪儿有“WC”，果然人家一愣。我纠正他是“Bathroom”，这才有人懂了。

从此我深深地认为，在国外你问人“WC”在哪儿，就如同在中国问“哪里是茅坑”，是非常诡异的，是脑子不大正常的。

后来我去了温哥华念大学，意识到“Bathroom”并不是唯一的上厕所用语，使用“Restroom、Ladies' Room、Men's Room”，特别是加拿大流行的“Washroom”，都能表明你是一个正常的人类。

从此我深深地以为，国外的厕所都应该以“Room”结尾，“WC”是外星人才会这样叫的吧。

再后来我去剑桥大学念研究生，发现英国的厕所上印着“Toilet”。

嗯？这好像跟我的认知不符……

但我依旧深深地认为，就算“Toilet”可以凭借英国人一如既往的特立独行勉强过关，“WC”还是大逆不道的。

再再后来，我去了欧洲游玩。发现那里几乎每一块厕所的门牌都赫然印着“WC”。不得不承认这两个字母的冲击是巨大的，数年来我自己构建的世界厕所观轰然倒塌。男女老少在印着“WC”门里进进出出，正常无比，没有一个拥有外星人的特征。

你看，真正的外星人其实是我自己呀。

我讲这个故事是想说，我们对世上所有事物总会有一种先入为主的认知。比如那个可能只熟悉美国厕所的电视节目主持人，比如听了他的话的我。

记得知乎里有个答案，大致是说许多国人心中的“国外”统共就一个国家——美利坚合众国，美国统共就两个州，西边加利福尼亚州有橘子红酒、好莱坞大波妹、极客和华人黑帮，东边纽约州盛产名人名媛大鳄大亨，还有好多钞票。然后这两个州的人民每天幸福地选择着自己的总统，享受着我国没有的民主自由。

在现在看来，这种一概而论的认知是非常可笑的。但在一个没有阅读、没有近距离接触的前提下，却又是极容易被大众接受的，因为它简单粗暴且暗含某种貌似正义的政治诉求。

最可怕的是，也许此时的我们正在被类似可笑的认知所禁锢而不自知。

轻则天真，重则愚蠢。青蛙至死都以为世界就是那个扁圆的出口，这是天真，而试图说服天上的燕子相信世界就是那个扁圆的出口，就是愚蠢。

对“世界那么大，我想去看看”这一问题唯一的回答，是那句俗到不能再俗的话——“世界那么大，我想去看看”。

能留就留，能学就学，保持学生心态，能待久点儿就晚些回去，多看看。

自己去看看国外的月亮是扁是圆，让完全陌生的环境打碎你原来的认知，让奇葩点爆你的三观，让美好的际遇搞得你热泪盈眶，让文化的多样性告诉你，你原先学来的，读来的，别人教的，原来只是一己之见。

不为求得“真理”，只为不再居一隅而自认真理在握。

出国留学生活的意义，就是那些豁然开朗的瞬间，你会发现拉美未必那么穷，欧洲未必那么富，美国不是江山民主一片好，大把外国人数学比你强，厕所有 100 种不同的叫法，加利福尼亚州没有牛肉面。

出国留学
要做好哪些准备工作?

安宁

从有出国的想法到让爸妈同意，到真的走出去，真正执行起来其实有很多很多事要做，不妨从了解动机开始，围绕信息收集的核心，好好规划你的留学计划。

下面是可操作的干货，若是你喜欢，希望你能拿起纸笔，好好规划和执行。

一、出国与否，你做决定前需要思考和解决的问题

明确你出国的目的。先收集信息，主要包含如下几个方面。

1. 听取过来人的经验。比如知乎就是个不错的渠道，对比听取出国的人或未出国的人的看法，不一定要自己问问题，只要把“出

国”“留学”话题下的所有问题和有价值的答案浏览一遍我估摸着就够了。

比如你想对比中国和其他国家，好，这个容易，去寻找一些相关的数据，咱们来个赤裸裸的直接比较！随机不完全举例。

（1）2017 年全球和平指数排行。

（2）2017 年全球幸福指数报告。

（3）2017 年全球政府贪污感知指数。

（4）2017 年世界大学排行榜。

（5）2017 年世界恩格尔指数。

不过，要了解一个国家真正的民生情况，还需要考虑更多的方面。之所以列出以上几个，是因为它一方面跟我们的生活息息相关，另一方面，你要是认真看完了这些排行，就会发现中国的发展和国民生活真心不错了，最起码强过世界平均水平，就连政府贪污指数，中国也是排在了中游，并没有大家想象中那么水深火热。

2. 培养判断社会民生政治经济的能力，掌握自主判断的工具。我的建议是在如下领域做一些广泛的搜索和学习。

（1）宏观经济的概念（包括一些数据，比如 GDP、GDP 增长速度、PPP、CPI、恩格尔指数等）。

（2）什么叫社会主义，以及中国是什么样的社会主义国家。

（3）什么叫资本主义，资本主义如何运作，资本如何流通，央行如何控制资本。

（4）民主的概念和政体不同的真正含义，什么叫民主，如何才能做到民主，选举是样执行的，又是怎样影响政府的行为和百姓的日常的。

（5）中国同你想去的国家在政体、政府构成、官员选拔、人口、人均收入、家庭可分配支出等方面的差异。

（6）医疗体制、就业政策、保险机制、房产机制、人身安全保障机制等基本民生相关。

（7）国民教育水平、大学先进水平、大学毕业生就业情况等。

（8）科技发展和未来的经济侧重，这个就要具体到你想学什么专业，未来打算从事什么职业了，有几个备选那就查几个，若是以前没想过未来发展方向，现在开始想吧。

以上仅为举例，列举不全，相信你也会有自己侧重和感兴趣的方面。

3. 多看主流新闻媒体提供的信息。有人说“没看过世界哪来的世界观”，我认为看世界未必要走出国门，现在信息这么发达，想初步形成世界观还是很容易的。少看网络媒体，别排斥主流媒体的信息。很多网络媒体上，会有胡编乱造的消息，或是夸大事实的标题党。就算一些报道的确是真实的，你仍要分析清楚是个例还是普遍现象，以及对你自身有什么影响。冉说主流媒体，是的，官方媒体都是有政治倾向性的，这个放之四海皆准，但是最起码他们的信息可靠性强，对其他没有利益纠纷的国家的时事评论大多是客观的，可以多看一些。想了解中国人生活在什么样的“水深火热”中？别看网友评论，看历届两会关注的民生社会问题，听一听《中国经济论坛》。别看个案，抓大局。

4. 当你知道自己要去哪个国家之后，多了解下这个国家的历史和现状，了解的渠道有很多，文学作品、纪录片、新闻报道，甚至旅游的游记。

另外，比较不同国家的时候，国民福利别放进去考虑。为什么？因为你不是人家的人民！教育水平、基础设施建设、空气质量、食品安全等方面你是可以享受到的。但是免费医疗、保险、免费教育，这些都是你想多了。我有个蛀牙都要忍住一年的牙疼，等放假飞回家再去看牙医，为什么啊？发达国家的医疗太贵了。还有多少妹子练就了剪刘海的手艺啊，不就是为了省那么点理发店的钱吗？基本上签证一两年要去跑一趟重新申请，找工作各个公司都有外国员工的人数限制，申请个信用卡都很难，怀孕了据说还要回国开出生证明才能生。国家保护跟地方保护比起来，有过之而无不及，所以拿签证生活这种事，比拿个外地户口要麻烦得多。并且高福利国家往往代表着高税收，也就是说，你要交很多税，却未必能享受到纳税人的待遇。小伙伴对于“国外”不要太过理想化啊，看到华丽的长袍时别忘了上面也许会有虱子。

5. 最重要的是，出国的目的要能帮助你实现自己的人生方向和追求。

对于任何16岁以上的人来说，都应该开始思考自己的追求和目的了。若是你还没有想过，别急，花一点点时间先想想。这个真的非常重要，因为人生没有彩排，你走了一条路，就会错过另一条，很多错过是永远的，所以想清楚了再行动。

推荐你看看《高效能人士的七个习惯》（还有知乎网友推荐《杰出青少年的七个习惯》），若是觉得高深枯燥，没关系，那就不看了，只需要理解作者提出的“以终为始”的想法。也就是说，你可以幻想一下：当你老了退休了，你希望自己的回忆是什么样的；当你去世了，你希望你的墓志铭上刻了什么；假设你作为名人上了杂志，有一段500字的个人简介，你希望自己是如何被报道的？

以上想法若有心，希望你能用笔写下来，并且至少每年拿出来看一看，做出必要的调整和更改。

罗列自己的人生目标：想要什么，不想要什么。可以抽象到“被全世界人记住”“对人类有贡献”，也可以细化到“希望以后赚的钱够我每周下几顿馆子，买儿包零食”，或者“幻想未来的家是什么样的装修，有什么藏品”“希望朋友以后如何评价自己”“以后一定要试一试跳伞、蹦极啊什么的”……你会发现这个列表可能很繁杂很混乱很随机，没关系，想到什么写什么，然后自己判断优先顺序，删去不那么重要的，想要什么和不想要什么分别留下大概 20 条吧。

二、想明白了要出国，但“出”了，要从哪里“入”？

1. 国外是个很大的概念。

世界上有一百多个国家，人均生活水平可能一半都在中国以下。所以你说的要出国，肯定不是想去利比亚、肯尼亚或者其他类似的地方吧？那么，首先你要考虑清楚，想去哪里。只有知道了想去哪里才能进行下去，而这一步就是执行的开始。

关于怎样决定去哪里，还是信息收集，我个人觉得有 5 个方面要考虑。

（1）了解清楚你能接触到出国渠道。也就是说你一定要清楚了解周围出国了的毕业生都去了哪些国家，上了哪些大学，而这些人是通过什么方式去的。怎么了解？问老师，问同学，问亲戚。只要有行动力，这个问题应该很容易解决。

（2）清楚个人水平。全世界的大学统计起来，那可真是参差不齐天壤之别，你对个人的期待是什么？个人能力大概在哪儿？你目前在学校的排名？估计自己高中毕业在学校的排名是多少？跟你同水平的人后来都去了哪些地方？尤其要注意一下自己的外语学习能力。

（3）了解个人喜好。在这些备选的国家里，你个人偏好哪个或哪些国家？跟中国比较起来，它有哪些优点和缺点？那里的生活是什么样的（最好具体到城市）？

（4）了解该国家学校录取条件和移民政策。首先，该国大学对中国留学生的录取标准是什么，门槛有多高，有没有奖学金？若是收到了录取通知书，大使馆会不会因你“有移民倾向”而拒签签证？大学毕业在规定时间内就业并且办下工作签证的难度有多大？签证发下来后有多大的可能拿到绿卡甚至转成公民？对非绿卡和公民持有人，配偶和未来后代的政策是什么样的？

（5）评估当地生活开销和学费。这个评估要结合家境来看，就先放到第二部分。

2. 征求家人同意。

（1）关于开销的认知（可选）。家人的同意是一定要征求的。但是要说服家人给自己掏钱吗？视自家情况而定，关于父母为孩子支出这件事，只要一家三口达到统一认知就好，家庭的支持是你对自己投资的第一桶金，合理的情况下最好充分利用这个资源。他人不会有任何看法。但是，千万别一吵二闹三离家出走地拿自己去威胁父母掏这笔钱！这就跟绑匪绑架了你，去要求家人交赎金一样十恶不赦。另外，父母的钱是他们赚来的，虽然他们有抚养你的义务，但是你对父母的财产没有任何所有权和支配权。“要学会感恩，不要视父母的金钱是理所当然”，这种大道理肯定你都听烦了，但是这些真的不仅仅是空泛的大道理！

作为新鲜出炉的大学毕业生的我，最近刚拿到了自己头三个月的工资，然后泪流满面地交了三个月的房租和水电费账单。我想说的是，不赚钱永远不知道赚钱养家的辛苦，也永远都不知道钱的可贵和对上班族的意义。这些钱不是从天而降，是每天受苦受累受气一点点积攒出来的回报。现在我买个漂亮点的衣服还要算计着不舍得买呢，让我想象有一天把自己省吃俭用攒下的钱全部给别人，就觉得好可怕。所以，试着推己及人想一想，你自己的零花钱就这么被别人拿走了一大半，剩下的不够让你过上有足够安全感的生活，甚至下个月午饭都有风险，你愿意吗？

说到这里我觉得我可以提一下我们家对待金钱的做法（个人情况，不具有普适意义）。

首先，我家条件中下，高中之前出国的事想都不敢想，周围也没什么人打算出国留学，感觉这个事情离我好遥远。

然后（比较偶然地）我报考了一个全额奖学金的项目就出国了，学杂全免，每个月还会收到一小笔生活补贴，所以基本上我出国没有加重家里的负担。

后来我又去了美国，期间需要家里的资助，我提供了搜集的资料和自己的估算，给出了一个大概的开销范围，父母一听，觉得可以承担不算有压力，就痛快地取得了家里人的同意。不过这个的基础是我对家里的固定资产和稳定收入有足够的了解。

等毕业之后，父母主动给了一笔“初入社会期生活周转补贴”，我毫无抗拒地收下了，并且用这些钱迅速安顿好了自己。等我拿到第一个月的工资，从此宣布经济独立。

如今父母生活还算稳定有积蓄，但是我觉得他们的钱是他们的，我的钱是我的，我给自己攒钱买车买房，他们给自己攒钱养老养生，若是一方有需求，另一方凭主动和自愿提供帮助。另外，我有回报他们抚养的义务。他们辛苦了半辈子，有能力有积蓄了，如今日子很逍遥，买车买房买器械买装备各种旅游户外运动，我看着超级开心。我现在还不够有能力，生活暂时有点拮据，那就省着点过，这是我的能力换来的我该有的生活。

这么讲，你明白了吗？

（2）家里若不提供开销，如何出国？先说如何出国。长期出国转移民的方式不外乎几种：初高中出国、大学本科留学、出国读研、在外国找工作。短期出国的方法就千奇百怪了，比如：旅游、游学、大学交换项目、暑期学生交流项目、Work Holiday（类似边打工边玩那种）、打工、志愿者……

在这之中，建议你排除几种方式。

首先，初高中出国，不建议。

中国基础义务教育相比大多数国家都是很先进的，且学到的知识多，基础扎实，出国之后能给你带来很多的竞争优势。另外，年龄太小出国有几个难点。

a. 国外初高中未必都提供住宿，选择寄宿家庭有风险且难度大。

b. 生活自理挑战大，突然让自己在外煮饭洗衣修灯泡打扫房间，以及管理自己的账务，会让你乱了阵脚以至于无心学习无心享受国外生活的。

c. 自律挑战大，当一个人还未完全定性成熟，或者处于对未来没有清晰追求的时候，很容易堕落颓废或受到外界不好的影响。

d. 生活成本高，赚钱渠道少。这时候你还太小，想打工赚取生活费太难，况且初高中留学国外收获不大，平白多了几年国外的开销很不值得。

其次，高中去上国际部，不建议。

不要为了出国这个唯一的目的放弃高中的教学质量。不知道你们学校的国际部什么样子，一般我所知的，教学不如本部，风气不正，学杂费昂贵，好多好孩子都被教成纨绔了。事实上我也不知道你们高中的国际部怎么就能保证你们出国了，无外乎与几个国家有合作，与中介有联系。

a. 若是你们学校的国际部不怎么样，那么联系到的国外大学通常也都是虚假大学，或者是二三流大学，且收取昂贵的学费和中介费，真的不值得去。

b. 若是你们学校只是通过中介机构安排你们出国，那你完全不用考虑了。自己联系中介也是可以的。

c. 不用国际部，只要信息收集全面，高中毕业想出国也非常容易。好多大学在官网上都有报名渠道的，只要你自己准备好全套的英文材料，参加相应的考试，材料都投进去，在家等通知书就可以了。所以，去普通高中然后出国的难度根本没有比国际部高多少。

d. 至于有人说国际部的外教多英语学习环境好，这更不是事儿。我们谁还不是看好莱坞大片看美剧度过周末的，再加上现在各种社区各种 APP，只要有心，没有借口学不好英文。

最后，被中介骗去出国。

我并没有一竿子打死所有的中介，他们大多很专业，但是找中介之前要牢记几点。

a. 他们之所以能赚钱，只是因为掌握更多的信息能够帮助你参谋，帮你申请，帮你准备材料罢了。他们没有特殊门路，没有其他手段，也只是通过常规官方的渠道申请而已。若你自己掌握足够信息，不用中介，这些自己也可以做到。

b. 如果你自己不够资格申请的大学，中介也不能让你变得有资格。材料造假除外，但这个是违法违约行为，违背道德且风险太大。

c. 中介推荐的学校，一定要好好核实一下，若是你成绩非常烂，空有金钱，那没跑都是杂牌大学。我就见过好多人被忽悠来的。

d. 何谓杂牌大学？最典型的特征：校园就一两栋教学楼，校区没有国内一些幼儿园大，宿舍是在外面租的集体公寓；私立；学校里没有本地学生，都是被骗来的外国人（中国人）；没有荣誉学位，毕业证一般不被当地和中国承认。也就是说，你花了很多的钱被圈养在幼儿园一样的校区里，什么也没学到，最后简历上写的是高中文凭。好凄惨……

再说无须家里开销的出国。

本科可以考虑。

a. 全额奖学金或政府公司资助项目：事实上奖学金项目非常普及，好些的大学都有，各国各个大学情况都不一样，具体情况你应该在第二部分了解到了。无一例外的是，你需要有一张漂亮的成绩单。

b. 学费减免加助学贷款：同样的，很多好一些的大学都会在每学期选取学生减免学费，我的母校一般减免到80%，并且每学年申请一次，视当年你的成绩而定。剩下的20%和生活费已经很少，你可以考虑申请助学贷款，国内国外申请都可，国内申请据说比较容易，然后在毕业后工作偿还贷款。但是，你依然需要有一张漂亮的成绩单。

c. 学费减免加勤工俭学：与上面一条类似，但是勤工俭学也只能赚够你的生活费，所以学费减免是重头。勤工俭学其实也有很多渠道，一般不是大家想象的刷盘子端盘子这些（事实上现在的年轻人大多也做不好这个）。你可以选择平时打工、假期实习、做助教等。

d. 兼职：合理安排课程表，每周最好腾出一天时间，然后去找兼职。有一些比较好找的专业，比如IT专业可以去做低级类别的码农，比如营销和销售专业可以去呼叫中心打电话、去客服中心接待客户、去大街上做问卷调查，比如数学专业可以做家教。这些兼职赚钱较少，但是收入较长期且很稳定，若是做得好了，毕业就可以选择去公司做全职正式员工。这个比较要求你的专业技能。

e. 假期实习：一般发生在大二或大三的假期和研究生的假期，为期1个月到3个月不等。大的跨国公司都会去好大学集中招生，然后你就报名，参加面试，入选就能参加一些非常正规的实习项目。工资普遍较高，投行的实习工资一般最高（我暑期实习的时候每个月赚两万多人民币，且我这边物价不高，基本上生活费扣除还有大部分剩余，另一个做交易员实习的妹子，每个月赚人民币五万多）。实习的好处是除了赚钱外还能学到很多，并有机会得到很好的全职工作，坏处是赚钱时间短，开学了就没了。这个需要你有一张漂亮的成绩单和一张丰富的简历，并能说会道、能力强。

f. 做助教：外语好又是学霸就可以了。一般可以选择给o-level、a-level（就是当地的初高中生）补课，收入看当地行情，也比较稳定。若是你不怕辛苦，可以同时接很多份，那就赚得更多了。

g. 更加学霸的可以做大学课程的助教：比如大一你学了一门课，考了A+，然后大二开始你可以去给这门课的老师当助教，每周教一节小班课给学弟学妹们。赚得还可以，可以当生活中的外快。好处多多，比如不用奔波去别的地方上班，还可以勾搭学弟学妹，没准儿就顺手解决个人问题了。

其他杂七杂八的渠道，我无法一一列举，赚钱渠道真的很多很多，但是你要在某方面有一技之长。比如你若钢琴弹得特别好，可以去当陪练或家教。

读研后一般经济压力小很多了，因为收费普遍比本科低，且一般导师都会给开“工资”，养活自己不成问题。若是生活开销很大，你还可以继续做大学的助教，去勾搭本科的学弟学妹们。读研其余的赚钱渠道参考本科，二者差不多。

至于工作以后，要是出国工作还不能做到养活自己和攒下钱，那还是算了吧。不但不是长久之计，你也无法这样就移民了，所以这时候你就应该放弃。

3. 现在可以征求父母同意了。

根据自己爹妈的和我认识的长辈的脑回路，我想象了一下可能出现的情况，对话如下：

“爸，妈，我想出国留学。”

“啊？为什么啊？”

“因为……”（提供明确的动机）

“怎么突然提到留学？这个是怎么一回事？”

“我是这么知道的……我还知道这些……我想去……这几个地方的情况分别是……嗯，大概就是这么个情形。”（提供完整的信息）

“该不该让你出去呢？也不知道你图什么……”

“哦，是这样的，出国留学有这些好处……然后我可以达成这样的目标……但是可能有这些挑战……我想我可以这样解决……总之一切皆在我掌控之中，我可以处理好。”（进行利弊分析）

“可是家里掏不起钱……”

“爸，妈，资不资助我，资助我多少这个决定权在你们。但是我估算过，我需要的开销大概是这么多……我也想过，要是家里没有能力支付，我可以这么解决开销问题……这样的话，我就可以在

自己的努力下完成学业啦。”（提供对开销问题的解决方案）

“那你真的就能被录取？可能性大不？”

“我查过了，这些大学的申请条件是……所以我需要努力完成的目标有……我打算接下来做……然后在 ××× 的时候报考 ×××，需要去 ×××（地点）报考。”（提供申请学校问题的解决方案）

基本上经过这样的对话，无论父母允许不允许，你们都能对已知的信息获得初步共识了。若是你父母不了解出国的情况和优势，你也可以借机教育 / 说服他们。前提是你真的觉得国外对你来说有优势。

其他考虑要素：

“那你出国了怎么嫁人 / 娶媳妇啊？”（妈妈们会问的典型问题）

“那去那么远，怎么看你啊……”“嗯，我看了，他们一共有这些假期……我可以飞回来看你们……机票钱我当然能赚得出来。中国这么大，我就算去中国的另一个角落上学，回家也是挺不容易的。还有啊，你们看，这个是 QQ 视频，这个是 Skype，这个是 Facetime，我们随时可以联系，我保证至少每两个星期视频通报一回。”

“可是你爸 / 你妈身体不好，还打算让你以后帮着照看呢……”“这样，那当我刚才的话都没说过。”（我觉得这个不太可能发生，自己父母的身体你还不清楚吗？）

“可是我舍不得你啊，我想让你守在我眼皮底下，万一以后让人欺负了呢？”（这个就涉及家里人自己的情感沟通了，不赘言。）

三、提前尝试（可选）

我的个人推荐，就是在正式做出长期出国的决定之前，先短期出国感受一下。

通过各种渠道参加短期的出国实践活动或打工活动，亲身感受下，自己的性格是否适合独自在外生活。就好像泡澡前用脚试试水温，饺子出锅前尝一个有没有熟，这有助于你规避风险。

四、执行出国计划

若是已获得父母的同意，那么下一步就是执行出国的过程了。若是你还年轻，你还有好多事要做，也有好多时间来做这些事，不急，我们慢慢来。

1. 父母即便同意一般也就会说“成啊，你考得上再说”，或“你能证明你可以我就让你去”。

所以第一步，证明自己的毅力和决心。如何证明？看你父母，看你自己。

2. 如上，移民也好，被录取也好，找到赚钱的渠道也好，都需要你有一张漂亮的成绩单，所以千万别对成绩掉以轻心！学不下去了就想想你心目中外国的“美好”，不管这个想法与实际脱离多远，有梦想总归是有动力的。

3. 外语一定要学好，尤其是词汇和口语。

4. 若是想去欧洲，就利用课外时间对你所需要的外语入门试试（比如法语、德语等），了解一下。有金钱赞助了就假期报个班，没有金钱赞助还有网上无数的资源和各种书。

5. 了解一下你想去的学校需要什么样的考试成绩。雅思？托福？SAT（赛达）？ GRE ？ A-Level ？还是什么别的？这个我不太了解。为了两手准备，最好有不止一个备选大学，那你可能就要准备不止一个考试。去网上查一下报考时间、所需证件和条件、报考地点和参加考试的地点。

6. 好好规划一下时间，为这些考试做准备。我几个同学用了大概两个月冲击 GMAT（研究生管理入学考试）成绩还很好，但是她们已经本科毕业，且在英语国家生活 5 年以上了。去网上查查大概需要多久时间准备，需要看几本书做多少题？然后给自己买些材料准备学习吧。家里有条件的可以请一个家教。

7. 若是本科没有成功留学，不着急，你人生还长着。若是你想大学交换或者读 2+2，那就要在高考报志愿的时候把这个考虑进去，了解下报考的大学有哪些出国机会和交换项目。一定要留意下交换出去的大学在世界的排名如何。

8. 若是本科在读期间也没出去，不着急，申请读研。但是大学你千万千万别荒废了！

（1）好多研究生项目需要你本科的成绩单是全 A，所以别挂科，无论是体育还是毛概。

（2）大学的时候先把英语四、六级考试过了，然后接着学雅思、托福、GRE、GMAT……

（3）做点社会实践活动或者参加学校活动刷刷你的简历，虽然这些活动可能很水，可是人家大学吃这一套。当然视专业而定，学术科研类的专业就不用了，但是你可以多参加点比赛，去学术会议做志愿者，还有创意挑战赛（Innovation Challenge）、论文竞赛（Paper Challenge）之类的。总之就是大学的时候不要两眼一闭闷头打游戏。这叫“攒经验值刷成就”。

（4）深入思考下我的第一部分。因为申请读研的时候要写一个个人陈述（Personal Statement）的东西，中介说的语言要“花哨”根本不是重点，重点是要言之有物。我写的第一部分你看透了，写个人陈述基本上就没什么问题了。

留学这个事儿，能收获多少真的完全看自己，在你投资在自己身上之前，要先看看自己在这方面值不值得被投资。学术优秀的人在国内不会差，去到国外排名更好的大学确实是如虎添翼。若是混日子，在哪里都是混日子，且国外的大学日子真心更不好“混”，学习很累的，工作很难找的，一般都是有国民保护和外国歧视的。所以，你对自己的个人期待在哪里很重要。

年纪不大就出国，有一项很大的考验就是自我约束力。要是天天窝在寝室玩游戏，那么在哪个国家玩不都一样吗？

人生还长，没有谁的想法是一成不变的。若是你以后：突然不想出国了 / 还是想出国 / 想出国但是没出去 / 不想出国了但是已经出去了而后悔……

别跟自己闹别扭，坦诚地接受自己改变了的想法和当下的情况，也别跟别人比，坦然地接受人生轨迹的改变。

真正值得人尊敬的，不是占着世界最好的资源，被人捧上顶峰俯视他人的人。而是根据自己现有资源，最大化地发挥利用，爬到自己人生顶峰的人。

Chapter

6

准备找工作了，这些干货一个都不能少

大城市有光鲜的一面，耀眼的地标建筑、寸土寸金的中央商务区。
但其实这些基本上和你没太大关系，
与你息息相关的是加不完的班、吃不完的外卖、
挤不上的公交和地铁。

有哪些阻碍你成长的“学生思维”？

马力

这些年里，我带过很多人，看过很多职场新人、甚至已经工作了一些年的人的“学生思维”，并且见证了一些人逐步从“学生思维”中走出来，成为总监、副总裁、CEO 等。

在更久之前，我在大学里主动兼任了班主任，现在也帮忙做兼职导师，近距离地观察过很多学生的成长。所以我想把看到的问题和对应应该注意的问题都总结一下。

一、认为要准备好了再做

一直觉得自己还没准备好，遇到新的挑战（同时也是机会），就本能地想自己还没学过（就像在学校里读书时突然遇到了一个还没学到的内容），刻意回避，总觉得要自己准备好了才行，于是错过了机会。

很多时候，是你有了责任，有了目标，才会让自己更强大，而不是自己强大了再去做某事。永远让事情推着自己走才好。

二、被动接受，而不是主动获取

习惯了老师留作业，但工作会发现后，很多地方的工作并没有那么明确与紧密，需要自己发挥。等待着被布置任务，也没有错，但这也是泯然众人的做法。那些在职场上有突破的人，往往都更主动，他们不会羞涩于请教，不会因为担心麻烦别人而影响工作，他们只关注如何让工作做得更好，所以积极主动。不要小看主动的力量。

三、不愿意面对不可预期的逆境

很多人习惯了学生时代的感觉，习惯了确定性的事物，却不知道工作中有很多非确定性因素。你总会在工作中面对各种未知的问题，有问题，就要解决问题。

有些人在面对这样的逆境时不够坚韧，更喜欢逃避，难以承担更大的责任，职场的发展就会受限。

四、小孩子脾气

不要把无知当个性，不要把口无遮拦当作直爽。同事没有那么多时间了解你丰富的内心，大家只想配合好尽快把事情做完。

有个性和脾气不是不可以，但要建立在你自身能力和成绩的基础上。可以恃才傲物，但没有足够的能力和成果，还以自我为中心，就是会被人嫌弃的节奏了。

五、过于放大自己的价值

自信心不强的情况经常容易遇到，但还有另一种极端的情况，就是过于放大自己的价值。其实一个新人在组织里，既有自己的努力，也要依赖组织提供的机会。我们常常说，要从小事做起，其实就是在让别人逐步信任你。其实我们往往没有自己想象中那么重要，只是大家已经积累起来的信任链条的一环。不卑不亢，才是合适的职场风格。

六、懒于改变

很多人习惯了按部就班，习惯了在一条轨道上，就不想改变。因为上学就是如此，按照习惯一步步走即可，但真正开始工作了并不是这样。例如，很多人都觉得互联网行业（或者其他某个非自己专业的领域）不错，要转行，但只是说说而已，一晃很长时间过去了，除了说说、想想，依然没有什么改变。

归根结底，还是自己没有魄力，缺乏落实到行动中的意愿，只在等待，可一味等待并不会有什么结果。

七、用热情欺骗自己

面试的时候我问过一些人，你为什么想从事互联网行业（其他的行业也是类似），回答说我很感兴趣、有热情。我又问那你都做了什么准备？读了什么书？学了什么专业技能？回答是都没有，可又觉得自己没有机会，如果有了机会就可以学习。

这个世界很现实，公司首先不是学校，能自己学的要先学完，哪怕是自学，而不是等着别人教你。

八、给自己划一条线

我是学 ×× 的、我是做 ×× 的，所以我不能 ××。但事实上，只要自己肯突破，大多数工作都是有可能性的。

我们总是能找到很多人失败的例子，也能找到很多人成功的例子，最后会发现成败其实还是在于自己，没有那么多道线拦着，也没有多少不可逾越的鸿沟。

九、没有意识到要和优秀的人一起

读书的时候，所谓的好学生和学习一般的学生，有时候或多或少会有点距离。在社会里、工作上，要自己去拉近这个距离。时常看看做得最好的那些人，他们在做些什么、看些什么，这是一种非常有效的学习方式。

优秀并没有年龄的界限，大家很可能本来就不处于同一个起跑线，没关系，见贤思齐，看到人家的优点就学过来，这是好事。

十、不知道衡量十年总收入

这是我个人的一个观点。很多刚工作的人，都想知道自己应该重点在意什么，正如很多学生会比 Offer 等。其实，刚入职场的时候，收入多多少少差别都不会特别大。不是说不应该在意收入，而是优先级一定不是最高的。真正应该看重的，是自己的成长值能够增加多少，能不能通过工作，把自己作为一个产品给做出来。

我给很多人的建议，是去衡量自己未来十年的收入，不仅仅是经济的，还有自己能力的、资历的收获，这时候你就会明白，不争一城一地的得失，要将重点放到经营自己这个“产品”上来，投资自己，让自己不断增值，才是正事。

十一、小红花意识

人们都希望被认同、被表扬，但是有时候就是得忍受、承受阶段性地在角落里。可能很辛苦，可能做出了成绩，没有人认同会觉得很委屈，稍稍做出点事就特别想获得肯定。然而获得别人的认同，往往需要时间、积累与沉淀，很多事你是在为自己做，做得多了，有大概率会产生好结果，即使不是当时立刻就会有。让自己的行为过于依赖周围人的反应，反而会打乱自己的节奏。

十二、连他都可以

在学校里你可能比一些同学成绩好，就认为自己比人家优秀，等工作了也自然觉得自己应该比对方好，否则心态就有点失衡。其实，学校有自己的游戏规则，在社会里、工作中又有不同的规则。考试成绩只是一种规则下的标准，换了赛场标准就不适用了。

在工作中，那些成绩比你差的同学，完全有可能“混”得比你好，不必为此影响自己的心态。按照自己的节奏，一步一步让自己变得更好，不要在比较中蹉跎。

十三、不会保护自己

这个世界是存在坏人的，出于利益、妒忌、扭曲的心理等。学校里的环境相对要简单很多，但是在社会里、工作中，情况就要复杂得多。在工作中，该有的流程、该保存的邮件，都得有。

十四、注意公共场合的举止言行

以前见过有人毫无顾忌地在网上分享自己是怎么简历造假的。如果你干了件坏事，起码要知道羞耻，悄悄地别被人发现（尽管坏事还是不应该干），而不是招摇过市。通常这样奇怪的人，在现实生活中会吃苦头。

十五、伸手党意识

这个不是学生思维单有的，但的确这样的年轻朋友比较多。我经常看到有人上来就请人帮这个忙那个忙，要这个要那个，但是自己却连简单的搜索都没有做过。

一方面这样往往无法得到想要的结果，另一方面也会给人不好的印象。想要获得帮助，先要多想想如何让人愿意帮你。

十六、不会问个好问题

学生时代大多数人接受的教育是单向的，有一个通病就是不会问问题。提出一个好问题，是解决问题的第一步。经常有人问我怎么学习互联网产品、学习 UI/UX 设计等，但是发现很多人问的问题都很空洞，比如说自己正在转行，很迷茫，有什么建议，自己不知道该学些什么，能不能给建议。

问题问得更具体，更有针对性，别人才能更有效地回答你。

十七、分不清哪些地方该节省，哪些地方不该节省

常常听人说，我穷，没钱。当然有一些人的确是家境困难，但是更多的人，家境虽然不一定很好，但至少是中等水平，他们最大的问题在于不会花钱，在有些明明应该节俭的地方花了很多钱，例如不符合自己当前阶段的高消费，有些明明应该投入的地方，例如学习和自我提升等，却舍不得花钱。

在移动互联网浪潮来临时，我曾建议更多人至少应该买一部智能手机，提早感受，但是不少人会说，没钱，谁给我钱去买呀。这些人其实是能够挤出一些钱的，但他们舍不得在这方面投入。最终的结果就是，一些积极尝鲜和学习的人更早抓住了红利，有了更好的工作和收入，而在这上面节省的人，并没有因此变得更有钱。所以你需要学会正确地对待投资和消费。

十八、作为新人不够谦虚

我本以为这是基本的常识，但是发现其实有很多人存在这个问题。通常情况下，我们说话的方式、语气要基于我们的资历。如果你刚从校园走上职场，通常资历都不会太深，即使在学校里可能相对优秀，在职场上也是新手，得能调整这个状态。不然很容易出现和自己资历不相称的气场，容易起反作用。

当然这并不是说新人就要唯唯诺诺，保持谦虚并不意味着软弱或者退让，而是一种态度。

十九、以为认识人多就是自己“资源”多

前些天有朋友采访我，问了一个问题，说感觉你认识很多人，“资源”很多，所以我们应该去认识很多人吗？我回答不是，这完全是两种不同思路。我认识的人的确多（主要在互联网行业里），但这是结果，而不是起因。因为要做很多实实在在的事，和很多同行和朋友都有交集，大家基于共同的工作、兴趣认识，主要是为了一起

做点事、一起讨论和学习，当然还有彼此认同，所以最后的结果是有很多朋友，而不是因为要刻意去认识人。

所谓人脉，什么是人脉？认识的人多就是人脉吗？你想请别人帮忙，你也得过去、现在或者将来能帮到对方什么，这就是简单的道理。所以并不是认识的人越多越好，而是要和自己的能力匹配，要让这个状态变成自然的结果，而不是刻意为之。

二十、急于贴标签和否定

比如，你看到这里，认为前面都是鸡汤，而不是思考自己有没有可以提升和改进的地方，就会陷入急于贴标签和否定的困局里。用鸡汤来否定道理，让自己的认知简单化，这是不成熟时常犯的错误。

所谓的鸡汤是那些胡编乱造、为了鸡汤而鸡汤的空话，并不是有营养的道理。而上面那些，更多的是为了帮助我们大家（包括我自己在内）自省，找出自己的问题。这只是一个直观的例子，很多人都会急于给各种事物贴标签，这样简单化的否定让自己有安全感，因为学生时代的题目很多就是这样的，非此即彼，有固定答案。

二十一、自己的学校强，就认为自己也强

很多名校毕业的同学容易有这个问题。其实工作中大家看重的还是实际能力，尽管名校背景在找工作时会有帮助。学历和学校的背景只具有概率层面的意义，一所好学校的毕业生通常表现好的概率大一些，但并不是说名校毕业生必然表现好。

如果自己明白这一点，踏踏实实做事，赢得信任，会让自己走得更稳。但若自以为是，一旦出现错误，这种反差反而会导致别人对你的评价降低。

二十二、被负面环境影响

学生时代，往往有这样的规律，一个宿舍都学习好，或者至少不差，另一个宿舍则集体学习比较差，为什么呢？因为人和人之间很容易相互影响。看到别人好好学习，自己也不会放松，看到别人在玩，自己也会跟着玩起来。

工作之后，同样也会受到周围的影响，这种时候一方面要给自己找个好环境，另一方面要明白自己对自己负责，自己的路是自己的，以前那种别人不学习，我也跟着不学习的心态，最终要由自己买单。

二十三、缺乏职场的必要沟通技能

例如，邮件应该怎么写，才能够清晰有效地表达自己的观点，在把事情说明白的同时又要得体，不让人觉得反感，这就是沟通技巧。这在职场中是非常基础的，却少有专门的课程来教，很多人刚刚从学校进入职场，就不知道该怎么办。

职场上各种各样的沟通技能，书面的、口头的，都很重要。如果你所在的公司环境不错，有一些“厉害”的人，向他们学习就可以。

二十四、纠结在表面上的逻辑而不深入思考

读到这篇文章，有些人会想，第一条和第七条是不是冲突的？第一条讲不要都准备好了才去做，第七条又讲不要空有热情，要有准备。想想这两条的区别是什么？不要等都准备好了再行动，并不是不准备。

举个例子，你打算去做互联网领域的工程师或者设计师，不要等你先考到相关专业才开始，而是立刻就可以行动，学习、找实习，如果是已经工作了就去找人结伴做项目、找机会等。如果你什么都没学过，就跑过去和人说我有热情，我想做工程师和设计师，谁会理你呢？类似的例子在工作中还有很多，将原本不同的逻辑拧在一起，是很多人常见的问题。

二十五、容易被唬住

见过一些因各种问题受骗上当吃亏的新人，往往都是因为涉世未深而被唬住。大概相当于读书的时候遇到校园小混混，不知道该怎么处理，跟着对方的节奏走。

例如，有学生被传统的培训机构骗了还不敢说，因为对方说会封杀他，各个公司都认识之类的，听上去挺可笑，其实这样一个小培训机构哪有这样的能量，他们所谓认识很多人大多是唬人的，但就是有新人被唬住。还有更过分的，在职场遭遇了乱七八糟的事，觉得老板有钱有势就不敢声张，甚至不敢反抗，其实也是被对方唬住了，那些坏人就是吃准了年轻人不谙世事的弱点。

以上，就是你在步入职场前应该改掉的“学生思维”。

去大公司实习
还是去创业公司实习？

唐僧同志

“毕业生、实习生进大公司还是小公司”，是一个初级职业发展规划中的经典问题。对于这个问题的回答也是经典而千篇 律的。正如李开复老师所言，大公司的制度、流程、体系规范，小公司则灵活、重任、自由，各有优势。

其实，这个问题并不是那么重要。因为在毕业生选择就业的时候，最重要的并不是“企业规模”，而是行业、专业、个体环境，接下来才是规模。

暂时不谈前几项，在假设行业和专业同样的情况下，谈谈“企业规模对毕业生就业的影响”。

在这里，不再跟大家讨论制度、流程、规范、体系、灵活、自由、收入以及累或不累的问题，而是按照“以终为始”的原则，来看一看。

时间来到你毕业三年之后，你要跳槽或者创业了。

如果此时你在大公司，夸张一点，假设你在苹果干到了一个基层主管的职位。若是跳槽，没得说，只要你肯投简历，这个行业所有的公司都会给你面试机会。

此时你若是在小公司，假设你干到了一个部门经理（其实难度很大）的职位。若是跳槽，很抱歉，你可能会有困难。因为三年之后这个公司可能已经倒了，也可能什么东西都没出来。

五年之后，你在苹果，此时就应该有猎头打电话挖你了。而你在小公司，还是那句话，你得等到这个小公司特别牛了才行。

十五年之后，你打算创业了。若你是苹果的管理层，你拉风投相对就比较简单。若是小公司取得巨大的成功，也是有殊途同归的可能。

于是，很多经典讨论中被忽略的问题就显现出来了。就是大企业带给你的品牌。对的，职场品牌。

拿李开复老师来说，大家是怎么认识他的？当然是在微软、苹果、Google 这样的大牌企业担任要职，接下来才是现在的创新工场。

拿唐骏老师来说，若没有微软的经历，普通大众有多少会认识他？陈天桥会请他当 CEO ？又有多少人此前就知道紫金矿业的？

拿罗永浩老师来说，如果不是当年有新东方这个品牌给他光环，今天哪来的风投做锤子？

没错。你想象一下，三五年后，是大公司的某主管更好就业，还是小公司的某部门经理更好跳槽？

大企业的职场品牌价值，过去很大程度上被忽视了。

此外，还要考虑平台。比如说现在被神话的张小龙老师，是当年做 Foxmail 的张小龙更受风投欢迎，还是今天把微信做成中国移动互联网第一产品的张小龙更受青睐呢？如果没有腾讯这个大平台，张小龙老师只靠自己能做出这样的成就吗？

综上，考虑到职场品牌、企业平台两大因素，我认为毕业生选大公司，错不了。

所以，这就是结论了？

不是的。还有下文。

当年我毕业的时候，提起最佳雇主，那是“巨大中华”，即巨龙通信、大唐电信、中兴通讯、华为技术。而现在这几个企业是什么情况，大家应该有所了解，大概是稍逊于“BAT”（百度、阿里巴巴、腾讯）的。

当年我的同学去华为面试时，华为的 HR 是这么说的：“你进了华为，干上五年，你在这个行业就有立足之地了。你说你是华为出来的，这个行业里任何一家公司，都至少会给你面试机会。”这就是华为在当年的品牌，所以这位 HR 才有这样的自信。这也是前文谈到的品牌价值。

我读的是一所工科学校，进入 IT 行业是许多人的首选，当时提起门户网站，不是“BAT”，而是新浪、网易、搜狐。

我的一个师弟，在众多 Offer 的利诱下，毅然决然地选择了当时尚未处于垄断地位的腾讯。三四年过后，他成长为骨干，一直在腾讯干了七年。

我说这个是什么意思呢？我是想说，最大、绝大的公司不一定是最好的选择，第一考虑的应当是最具成长力的公司，这样的公司更有机会。

大家一定会说，我怎么知道这个公司未来会怎样啊？

在此教给大家两个方法，一个是看过往的年度业绩发展情况。若是这个公司有前年100亿、去年130亿、今年计划200亿的业务规模，这就说明它在稳健增长的同时亦不冒进。

第二个方法也很重要，关注企业治理，在网上可以搜最佳治理和公司名称组成的关键词，这种奖项往往意味着公司的规范。虽然这种奖项多且杂，需要一些个人对评奖机构的鉴定能力，但管理太混乱的企业，一定不会跟最佳治理沾边。

由此可见，首先应当考虑的是具有潜力且有一定规模的品牌公司，再次是治理优秀的大公司，除非你怀揣一颗五年之内创业的心（前提是你有足够的家底吃饱饭），否则请慎重对待创业型公司。

最后还是补一句知乎的经典语录：“上北大还是上清华这样的事情就不要苦恼了，有活儿干才是正经的。”

实习工作要做好哪些准备？

秦阳

实习既为以后的求职做了重要准备，也是大多数不谙世事的学生了解社会、降低犯错成本的最好方式。那么，实习都应该注意什么呢？在此跟大家简单分享一点个人经验。

一、认知：实习内容尽量符合自己的职业规划

如果你已经非常清楚自己未来想从事的行业、岗位，有了比较明确的职业规划，那么实习内容应尽量向其靠拢。

以我第一次的暑期实习为例。我们学校有规定的实习，也就是学校会联系一些合作单位，安排学生在老师的带领下去实习。学校给学生找的实习单位，当然一定是与学生本身专业对口的工作。我

的专业是印刷，对口的实习工作基本上就是去印刷厂的车间熟悉各种机器。

我当时其实已经进行了非常多的自我认知与探索，一来对于那些机械操作，我确实不感兴趣，二来我已经找机会参观过印刷厂，那种流水作业的单调与重复并不是我想要的。所以我就想着能够自己去找一份感兴趣的实习，但是没想到要脱离学校的实习队伍单独去实习，还需要办理很多手续，包括家长的签字、辅导员的签字、系主任的签字、教务处的签字……前前后后忙了将近一周才把手续办好。

然后我联系到了在北京参加比赛时结识的一位评委老师，邮件联系后我收到邀请去他的公司进行实习，实习期间认识了很多不同领域的前辈，开阔了眼界，对我后面的成长产生了巨大的蝴蝶效应，所以我自己也很庆幸。

如果这个时候你对自己的职业规划确实没有什么想法，也不知道自己的兴趣在哪里，那就踏踏实实跟着带队老师去实习，若学校没有安排，就自己尝试找找专业领域内的实习。实习是大学生对自己未来职业的一种体验，亲身经历后方能进一步知道自己的目标职业正确与否、理想与实际是否有差距、差距是多大、自己是否能够接受，所以一定要重视。

不过，清楚知道自己要什么、有明确职业规划的人并不多。我也不例外。

其实我当时也很迷茫，于是用了一个模型来帮助我进行自我认知，这个模型叫乔哈里窗。

乔哈里资讯窗有四个象限。

乔哈里窗模型

	自己知道	自己不知道
别人知道	A 公开区	C 盲目区
别人不知道	B 隐秘区	D 未知区

A 区是公开区，即自己知道，别人也知道的资讯。

例如：你的名字、发色，以及你有一只宠物狗的事实。人与人之间交往的目的就是扩大公开区，实现这一目的的主要方式有提高个人信息的曝光率、主动征求反馈意见。

B 区是隐秘区，即自己知道，别人不知道的秘密。

例如：你的秘密、希望、心愿、好恶等只有自己知道，且选择不对他人透露的事情。这个部分的规模会随着我们和他人建立的信赖关系增长而递减。

C 区是盲目区，即自己不知道，别人却知道的盲点。

例如：你的处事方式，别人对你的感受。有些事情我们自以为表达得很清楚了，但别人却会以完全不同的方式来解读。

D 区是未知区，即自己和别人都不知道的资讯。

未知区是尚待挖掘的黑洞，它对其他区域有潜在影响。毕竟人类的复杂性和多面性超过我们的想象。

这个资讯窗是对沟通的深入剖析，其出发点是认知和了解，那么我是不是可以延伸到自我认知，进而延伸到职业规划领域呢？

于是我邀请朋友们说出他们认为我可以从事的领域、行业，我也写下自己认为可能做的职业，然后根据乔哈里模型进行总结。

我通过QQ空间、微博甚至短信等渠道问了很多人，既有我身边的大学朋友，也有曾经一起战斗过的中学同学，还有我的老师和长辈。我自己也进行了深刻的自我认知后，统计分类到相应区域。

以下就是最终的结果（括号中是所得票数）：

我对自己的认知

	自己知道	自己不知道
别人知道	A 公开区 培训师（11） 营销策划（3） 学校老师（7） 创业（6）	C 盲目区 设计师（8） 作家（6） 销售（7） 商人（5）
别人不知道	B 隐秘区 导演 画家	D 未知区 有待探索

显然A区含金量最高。因为这是一块别人认为你强，你自己有意愿而且有信心做的职业。

我自己一共写了六个，其中有四个和别人是吻合的，所以在A区一共填了四个：培训师、学校老师、营销策划、创业。

然后就该分析这几个方向了。四项当中，我首先排除了学校老师。因为全国每年有大量的师范生毕业，他们毕业就业已很艰难，再加上成为学校老师需要拥有教师资格证和普通话等级证书，高校则普遍只招有项目能力的博士毕业生，这些硬性指标都不是轻易能达到的。第二个我排除了创业。因为我分析了自己当时的资源、人脉和状态，都不符合创业条件。

所以剩下两个就值得我认真思考了。在大学的业余时间，我已经在培训班讲了一年多的课，我确实很喜欢那种在台上分享、阐述的感觉，但问题是做哪个行业的讲师。我在大学期间曾经认识了几个职场人，和他们合作过几次，他们认为我很有营销天分，虽然当时我对“营销”是什么意思都不太懂，但是在查过资料后感觉很有趣，于是成为营销策划类行业的讲师就成了我当时的初步目标。

后来，我研究微博、用微博入华艺的故事，开启了一系列的蝴蝶效应。

然后看C区。其实C区最大的作用就是让我发现了很多自己不知道的优势，给了我足够的信心。比如“设计”“写作”这些当时自己眼里的弱项，如今都成了我赖以为生的技能之一，这个分析对我影响很大。

对于自我认知和职业规划迷茫的朋友，可以试试这个模型。通过这个模型，尝试分析出，你的A区有什么自己也愿意发挥的优势？你的C区有哪些可能性？你的B区有哪些藏在心底的梦想？你的D区有哪些没有被开发出来的潜能？或许，你会多认识自己一点点。

另外还要说明一下，当时利用乔哈里窗做了这样一番分析，虽然不敢说自己从那时就开始对职业规划一下子“豁然开朗”了，再也不迷茫了，但确实是打开了一个窗口，找到了一点可能性和大致方向，至于具体到每一步怎么走，其实我也是边走边摸索，也犯过很多错误。

二、价值：请先不要把“我要什么”挂在嘴边，先说说“我有什么”

我在一些简历中看到过这样的话：“虽然我什么都不会，但是我有一颗爱学习的心！我想加入你们，快速成长，学到东西！”

有时候还会非常感人地加一句："我可以不要钱！"

似乎不要钱是给企业额外的恩赐。不过你有没有想过，教你做事的时间成本不是钱？你出了差错带来损失谁为你买单？

想来企业学东西，这当然没错，但你有没有想过，企业为什么要教你？

你在学校学习都要交不菲的学费，而企业却发着工资让你来学东西，这科学吗？

企业招你，是要你来创造价值，在创造价值的同时给予你所需的指导和培训，于是顺便带给你成长，而不是为了让你成长所以要教你。况且成长本身就不是教出来的，而是做出来的。这些如果不弄明白，你会过得很拧巴，因为你会总觉得自己受委屈。

所以，不论是实习还是找工作，最好的准备不是简历，也不是你有多少人脉，而是至少有一项踏踏实实的、企业所需的专业技能，这是一切的基础。没有这个，其他的都免谈。

当然了，你的专业技能不必特别厉害、不用是大神级，因为企业也心知肚明你在学校学的东西只是些皮毛，但你总得有个基本功，来了能上手，前辈教你你能听懂。

三、师父：成长是自己的事情，别老盼着高人指点

或许我们每个人都曾幻想过武侠片里的那种场景，一个愣小子突然机缘巧合得到能人传授，然后一朝成名，傲视天下。似乎这就是由弱小变成强大的唯一途径。

能够遇见有阅历、有经验、有知识的名师高人的概率本身就不大，还能够给你指点，可能性就更是微乎其微。

凡事要靠自己去学习、摸索，别指望着有同事来你身边，像幼儿园老师一样手把手教你，要学着“偷偷学艺”。你肯定会遇到问题，你也肯定会寻求帮助，但要记住，对你来说你不仅仅要得到一个答案，还要学会前辈思考与解决问题的思路、方式。你遇到的每一个人都可以是“师父”，你所遇见的每一个人都可能知道一些你不知道的知识与经验，三人行必有我师，古今同理。

互联网时代，有很多小伙伴冲着一个喜欢的大咖要去一家公司，想向高人学东西。有这种心态的人，心里会有极高的期望值，于是迎来的可能是极大的落差。你想，大咖必然工作繁忙，哪有精力从早到晚教你这教你那。心理落差太大的结果，要么工作没热情不积极而被辞退，要么自己受不了直接走人，这都是不妥的。

四、证明：不要嫌工作琐碎，能把每一件简单的事情做对做好，对于新人来说已经非常可贵

可能你在学校的时候叱咤风云，习惯了高姿态，于是不屑做一些小事，但不管在学校的时候如何风光，到了职场上都别以为自己有多重要，这个社会才刚刚准备原谅你的幼稚。

而且经验其实也都是从最简单的事情学到的，如果连小事情都做不好，当然没有办法得到其他更大的机会。

毕竟你是还未完全脱离学生气的实习生，公司不可能一开始就让你接触核心业务。甚至可以说，公司并不指望一个实习生能够真正创造多少价值，更多的时候，对实习生是处于一种观察的状态，观察他们的态度、潜力和发展性，而这些恰恰就是在点点滴滴的枯燥小事中体现出来的。

有个前辈就跟我说过这么一句话，她说，当你是一个实习生的时候，领导交给你一份任务，心里其实也没有指望着你能做到多么好，尤其是对于刚来的新人，领导就想看看能给你打多少分，然后根据你的水平再分派其他的任务。

可能领导心里对你的期望值就是 60 分，但是如果你最终做到了 70 分，那领导当然会感到惊喜。如果你每次都能给领导带来一点惊喜，经常超出他的预期，那么领导会认为你是有潜力的，是可以培养的，那对你当然也就会越来越重视。但相反，如果你每次都不及格，失望三次之后，你就别指望领导会再交给你什么任务，也别指望能长久干这份工作了。

五、方向：先不要纠结你开始着手做的工作是不是和你理想中的完全一样

年轻人入行最缺的是机会。就像一条鱼，从哪里游进大海不重要，重要的是先游进大海，至于后面你要在哪个大洋里肆意遨游，则是后话。

前文说我想试试培训的工作，但如果以我的专业背景和经验，一张口就说我要做讲师，其他工作都不做，那 HR 肯定叫我滚蛋。

所以我第一份工作的实习，是通过给老板做幻灯片切入的，通过做幻灯片的能力先进入企业，后来才有接触各种部门以及展示能力的机会，然后才慢慢转到了自己想做的岗位。

六、礼仪：学点职场礼仪，这在学校学不到

不要把在学校的一些坏习惯甚至脾气带到工作环境中，你要明白上司跟老师绝对是两种人。实习提供的是一个真正的职业环境，会让大家开始从学生到职场人的转变。职场不是班级不是宿舍，你得慢慢适应。

比如，你能用正确的称呼叫每个同事吗？不要以为叫姐叫哥就没问题。还有，与上司的交流措辞是否得体，端茶倒水、接听电话、等待电梯、服饰着装等也要注意，不要败在这些细节上。

七、主动：要自动自发，积极主动

自动自发是一个优点，积极主动是领导赏识的态度，不要总是被领导推着走，推久了嫌你累赘就不要你了。

1. 接到任务要积极主动，不能给前辈留下你爱推脱或拖延的印象，要是实习的时候就这样了，转正以后还得了？

2. 主动去和公司里不同岗位的不同人打交道，你可以向他们咨询、了解很多事情。主动多了解一下其他岗位，比如跟人力部聊聊企业的招聘流程，知道发布渠道、用人周期，绝对对你有益。而且说不定通过与他们的深度交流，你会发现自己真正擅长与喜欢的岗位。

3. 不会的事情主动去问，没有人是一开始就什么都懂什么都会的，都是在边学边问边实践的过程中慢慢成长起来。若什么都闷在心里，没有人会知道你究竟在想什么，别人也没有义务主动过来教你什么，你自己也不会进步。当然了，不要为了问而去问，总问蠢问题会显得廉价、愚笨。

4. 主动找事情做。如果你总是闲等着别人来叫你，那你已经输了。若真的实在没有事情做，就主动观察，看别人的工作是怎么做的，多观察也会有许多收获。

5. 主动反思。因为没有经验，所以做事情的时候难免会有挫折感、失败感，这时不能消极，要学会反省、总结、调剂。所谓经验，不是看你经历了什么，而是看你总结了什么，这是最重要的。

八、角色：尝试着适应从学生角色到职场人的转换

既然角色有变，那难免会有不适应。

我第一次暑期实习的时候，我们专业的人被分到不同的企业进行实习，于是每天晚上打开QQ，班级群里面的聊天，就是“抱怨专场”——多苦、多累、多热、师父又骂人了、我们这多烂你们那多好、感觉不会再爱这个行业了……那是大家第一次真正意义上脱离学生身份。

刚开始的几天，大家闹得最凶，但是随着时间一天天推移，这些声音越来越少。大家开始明白，学生的角色不会维持一辈子，这些难以适应的生活，也是迟早要成为常态的，或许当它成为一个常态的时候，连你自己都没有意识到。

我第二次实习的时候，我记得QQ群里面一直安安静静，一个抱怨的声音都没有。也许是社会压力的驱使，也许是大家真的长大了，开始意识到，一个人生活在社会里就该学会适应社会，努力提升自己。

另外，当你体会到实习的辛苦，发现那些你还没有具备的能力，会让你更加珍惜返校以后的学习生活，感恩做学生的美好时光，也会因此更加合理利用时间，认真对待自己余下的大学生活。

九、反思：实习结束后，进行五方面反思

1. 我在实习过程中到底学到了什么对自己未来有用的东西？这些东西是不是还得深化？

2. 自己还有哪些方面的不足？该怎么弥补？

3. 我在实习阶段给企业做了哪些小小的贡献，这体现了我哪方面的哪些价值？这种价值能不能继续发展、放大？

4. 回学校之后该重点学些什么？

5. 自己是否真正适合这个行业？

如果认为自己合适这个行业，根据前四个问题制订提升计划；如果不合适这个行业，根据前四个问题的反馈想清楚自己未来的方向，以及如何开辟第二条路。

对于一直处在学校这个温室的学生来说，通过实习，可以到“社会”这样的环境里体验一下社会人的生活，在实践中领悟理论，还可以学到很多书本上学不到的东西，这无疑是我们日后就业的一大筹码，是大学生对未来职业的一种体验与探索，而且通过亲身经历可以进一步确定自己的目标职业是否合适，理想中的职业与实际中的职业是否有差距。

这所有的一切是对未来就业所做的准备，机会属于有准备的人，成功也属于有准备的人，实习过程中，记得有意识地对自己进一步探索与认知，明白应该提早具备哪些知识、能力、经验，做好礼仪、规划等多方面的准备，只有怀着这种对自己负责、对未来负责的态度，才能在严峻的就业形势下脱颖而出。

祝你的实习之路一切顺利。

选择第一份工作时，要考虑哪些因素？

小红拖拉机

第一份工作真的不算什么。

刘邦一介“古惑仔”可以当皇帝；刘备一个“草鞋个体户”可以当皇帝；朱元璋乞讨着乞讨着就当上了皇帝。

第一份工作真的不算什么，仅限能力强或者父母能力强的人（重点总在后半句）。

你要是没带主角光环，每次换工作都要通过海投简历才行，那还是得好好考虑一下，选择哪份工作可以在下次面试时成为加分项。

为什么工作地变来变去？为什么职业总是换来换去？为什么会从体制内跳出来？

这些问题在简历筛选阶段，面试官很可能已经帮你用“缺乏规划”脑补完，并把你过滤掉了。

所以第一份工作当然很重要。

一、最好的工作选择是怎样的？

凯恩斯说过，一个人在选择目标或职业时，会使用一种让个人获得最高报酬，同时又将损失降至最低的方法。

但根据赫伯特·西蒙的“有限理性”的理论，我们知道一个人不可能穷尽所有的选择，得出一个收益最大化的决定。所以大部分人不会追求“最优化”决策，而是遇到“满意的”就适可而止。

在当今社会，最大化的收益也不仅仅是眼前的高薪，大家更多的是用发展的眼光看待这个问题。

对于初入职场的小白，更多的是需要一份能与未来发展方向保持一致的，并为下一步的发展提供工具性支撑的工作。尽量避免那些会给未来的发展变动带来高额成本的工作。

那么选择第一份工作究竟应该考虑哪些方面因素呢？

二、关于职业决策的几个问题

20 世纪 40 年代的时候，心理学家安妮·罗伊提出一个理论，用 12 个因素来解释个人职业决策的过程。

职业选择

=S[(eE+bB+cC)+(fF, mM)+(lL+aA)+(pP*gG*tT*iI)]

看晕了吧？简单解释一下，第一组包含的因素是人们无法控制的，后三组包含的因素是以遗传和后天经验为基础，罗伊最大的研究成果是，让我们理解了为何职业选择会如此艰难。

虽然如此，30 年后，还是有人给出了可以指导我们选择职业的答案。

Kotter、Faux、Arthur 三位作者认为，职业决策中包含了七个重大选择，这也是我们在找工作时需要重点考虑的因素。

结合第一份工作的特殊性，下面具体讲讲该如何做出这个职业决策。

1. 选择何种专业与行业

专业和行业本来应该是相差很大的两个概念，为什么会放到一起？

那是因为在有大规模的经济体出现之前，专业就是行业，行业就是专业。你想，古代一个裁缝不就是裁缝行业吗？

现在高考选专业，还不是为了日后容易找工作。这也是为什么前几年大家都挤破头想往会计、金融、建筑等专业发展，因为行业热啊，而且人才需求量大，提供的岗位也会增加。

近几年随着互联网的发展，给 IT 方面的人才提供了很好的平台和发展前景，计算机类专业也慢慢变成了热门专业，大家都悔不当初。

俗话说“男怕入错行”，意在表明“行业很重要”。

有些人头脑发热，一开始只为短期利益去做微商。等干了两年干烦了，又想去搞科学研究。

虽然人力资源的市场很开放，但无形的行业壁垒还是会在简历筛选阶段就把你给过滤掉。毕竟本行业的人才一大把，足够挑出合适的人选，何必冒险选个门外汉？

那些大学毕业后直接去做保险销售、地产中介、直销或微商的小伙伴，学校就业办欠你们一张奖状感谢你们没和给大家抢就业机会。

所以，从一开始你就要考虑好：我要不要从事这个行业？这个是朝阳行业还是夕阳产业？是否能给我更稳定的发展时间？

当然，如果它能给你足够长的成长周期，让你羽翼逐渐丰满，那么朝阳夕阳都无所谓。

2. 选择行业中的哪种职业

在一个经济组织中，往往有着多种职业。虽然许多专业都对着相应的职业，但是往往在一个职业簇里面，可选择的选项还是很多的。比如人力资源专业，可以从事行政、人事、生产管理等，而且人力资源里面还有许多不同的职能呢。

在选择的时候，你需要考虑的是：你真的热爱这一份工作吗？如何保证你的工作经历不会归零，“保持职业的专业积累，对于职业成长至关重要”。

职业的积累，贵在相关，也就是有职业的相关性。当你说“自己在积累而非随意跳槽”时，别人确实能够看出你在沉淀，这就说明是具有职业相关性的。比如，在人力资源之间跳来跳去是可以的，和行政部门之间也还能跳，但如果和业务部门跳起来，可就没那么容易解释了。所以你需要考虑，自己是不是要从事这个职业。

如果是，思考在这里我能获得很好的基础和跳板吗。

如果不是，考虑这里和我未来的职业理想相关吗，对我日后的发展有帮助吗。

3. 选择以怎样的方式来获得一份工作

获得工作的方法有很多种，比如：去爸爸或亲戚的公司，或者上个电视求职节目，或者海投简历，或者由猎头推荐。

这些策略有的主动有的被动，如果想去其他城市寻求一份工作，可能你需要提前过去找一个短期住所，以便应付旷日持久的面试大战。应届生要在普通招聘网站上投递简历，通过率可能会很低，不如上更细分的针对应届生的招聘网站。如果想去名企，经亲友师长推荐，必然可能性更大，因为至少能进入面试环节。

如果实在任何门路都没有，只能靠自己的话，倒不如做些现实点的预期，不要眼高手低。

4. 从众多工作机会中选择其一

对于大多数经验人士来说，选择往往较多。所以无论是选择离家近还是职位高的，选择收入高还是加班少的，这都是决策。当然，最优先要考虑的是哪些是你找工作时最看重的，如工作收入、工作强度、通勤时间、工作氛围等。

但对于大部分刚毕业的学生而言，并没有太多选择机会的，所以往往收入就成为重要的参考指标。

在前文中我已提到，收入并不是重要参考依据，其实公司的规模、所处行业、城市地域等远比收入更重要一些，因为未来的发展会覆盖掉这些当下的差异。

还需要考虑的一点是，这家公司的这个职位能否成为自己发展道路上的跳板，它会不会给我贴上什么不好的标签。

5. 工作地点的选择

“我国经济发展水平严重失衡。”想必这句话大家在思想政治课本上都见过。对于一个来自偏远地区的优秀毕业生，如果他学的是人力资源管理，他回家后恐怕连一份像样的 HR 工作都找不到，留在一线城市成了他唯一的选择。

学习核能、电力等专业的学生恐怕面临着另外一种痛苦。核电站、电力站几乎都在偏远地区，要不要去？

70 后、80 后好像对背井离乡不太敏感，或是因为发展极度失衡，敏感也没办法。等到 90 后逐渐成长起来，面临择业时，很多人将“离家近”纳入重点参考指标之一，当然这也是因为各地的经济发展起来了，回家也能找到像样的工作。

如果发展机会和离家近不能兼顾，这个问题，还是有必要考虑一下的。

6. 选择工作的取向，即个人的工作风格

这里的“取向”指的是“价值观”，也就是什么才是最重要的。

20 世纪 60 年代末，Katz 不厌其烦地研究了 250 种职业，梳理出了 10 种职业的价值观：

高收入（如销售）、社会声望（如官员）、独立性（如作家）、帮助别人（如医护）、稳定性（如教师）、多样性（如自由职业）、领导工作（很多）、感兴趣的领域（很多）、休闲（如旅行作家）、尽早进入工作（选择工作还是继续深造）等。

你可以考虑一下，自己追求的到底是哪一种工作方式？

7. 确定职业目标或阶段性的升职

你未来的职业目标到底是怎样的，现在的职业能帮助你实现这个目标吗？

我曾在另一篇文章中提到过：职业目标分为概念目标和行动目标。这里你只要参考自己的概念目标就好了。

如果你的概念目标是成为一个写作方面的人，现在却一直要从事严格执行和操作的事务性工作，那这与你未来的规划就是相左的，如此重复的工作可能会扼杀你的创造力。

所以选择一份能带给你想象力，更加自由和宽松的工作，会让你充分发挥自己的能力，并且离成为作家的目标更近一些。不过作家也分很多种，如果希望成为一个职场作家，那还是需要在成熟的职场里体验一下才行。

好了，讲到这里，不如你也排个优先级，看看哪个最重要？列个权重分布表，给已有的选项打打分，自然就知道该去哪个公司了。

找工作，是选择一个公司还是选择一个行业？

SeanTan 又名旺财

找工作是、看公司还是看行业这类问题，本没有标准答案，只就以下几点提些建议。

一、弄清现在

在择业上，对于绝大多数应届毕业生来说，应该把 90% 的精力放在弄清现在而非预测未来上。个人认为，绝大部分人的预测能力是很差的，包括我在内。自己一直引以为自豪的是，在很狭窄的有限领域内，我能做出一些不错的预测。但也仅此而已。

二、预测未来

判断什么是好行业，有相当一部分工作是预测未来。还记得当年那一波被忽悠到号称 21 世纪前景最光明的生物专业的高分考生不？

三、好行业定义

好行业是需要定义的。这一点容易被大家忽略。比如LED行业，总体市场增长很快，未来需求也很大。但是早在2008年，我还在天涯上懵懂潜水的时候，就看到一堆一堆的帖子在追问LED从业人员将何去何从。

中国人特别擅长把一个挣钱的行业迅速挤到一点利润都没有，曾经的物流行业、LED行业、PE都是这样。虽然根据波特《竞争战略》所阐述的，这样的情况很正常，但中国人总能把这个挤出利润的过程缩得很短。

那么，什么是好行业？

我认为对人力资源要求高，且能给较高人力资本溢价的行业是好行业。这样的行业有两点好处，一是入行就能拿到不错的收入；二是人力贵的行业一般给人的机会会比较多，因为公司会希望你尽快成长，有能力帮公司挣更多钱，从而令从业者在初期便获得很多机会。在这样的行业里面，付出同样多的努力，个人收获的知识更有价，收入也更多。

金融、IT行业都有这样的特征，但并非鼓励大家都往金融、IT行业跑，好的行业也不仅仅是金融、IT。

四、好公司很重要

去好公司也很重要。到底去超级大而规范的公司好，还是去稍微小一点的公司好，答案并不一定，得看个人的性格、能力构成和机缘。

总体来说，刚毕业的人去大公司更好一些，因为大公司的管理的规范、成熟程度，还有可以参与的一些工作，在小公司可能一辈子都看不到。比如一般的上市公司，经历上市的财务总监必须真正和资本市场打交道，而如果一辈子在小公司，财务人员的视野就会相当有限，即使挂了财务总监的名头。

但大公司也有不好的地方，很多时候一个人进了大公司里只能当螺丝钉，而在稍小一点的公司，却被生生逼成全能型选手。这样的例子也很多。另外，大公司的从业经历含金量高，履历有强信用背书，职业风险也小一些；小公司经营风险通常更大，职业风险也更大。

五、慎重选择部门

还有一个很重要的考虑因素，是去哪一个部门。在企业里面，一定要想办法参与核心的业务。核心的业务通常有三类，营销（市场和销售）、财务、资本市场运作。这三类业务都和钱直接相关。营销是直接给企业做加法，财务则既做加法又做减法，资本市场运作做乘法。

在核心的部门，意味着资源得到倾斜，工作成果的曝光率高，自然也就对成长有利。

当你找工作时面临选公司还是选行业的困境时，不妨考虑一下上面的建议，也许就能得出一份满意的答案。

没有资金、人脉和资源的情况下，如何创业？

叶东东

没有资金、人脉和资源，又想创业的在校大学生基本上都面临这几个问题，我个人有过一毕业直接创业的经历，可以给大家一点参考。

对于多数大学生来说，毕业直接创业不是泼不泼冷水的问题，而是该不该的问题。中国的大学生，因为教育体制及成长环境的诸多原因，对商业的敏感度、人生的历练以及个人内心需求多数是茫然的，而创业是一项很考验综合能力的职业，商业敏锐性、市场感觉、产品把握、日常管理等每一个环节都需要一定的积累，甚至是天赋。

创业，对于多数已工作的社会人士都是不合适的，何况是对商业还一无所知的大学生。所以，我认为，大学生创业首先是个奢侈品。

那么大学生是不是就不能创业？

这又是另一个问题了。在我看来，真正的创业者很多都是天生的，他内心的渴望可能在很早以前就已经种下，出来创业只是时间或时机问题。

所以，如果你在学校，除了创业，做什么事都已食不甘味，做什么都已没有激情，只想马上抛下一切去做出一个产品，或经营一个市场，那为什么不去呢？大多数创业成功者都是听从内心的召唤，是真正热爱，而不仅仅是为了发财，为了脸面，为了融资……当然，仅仅为了发财来创业也是正向的，并不低俗。

我在毕业那年，一边找工作拿 Offer，一边思考个人真正的人生轨迹，有次我为了一个创业想法，躺在床上从晚上 8 点思考到第二天早上 8 点，从产品的创意、团队的招募、运营执行，一直想到如何去沟通演讲，一动不动想了 12 小时。然后，我彻底明白了，我应该去尝试下，否则永远不会甘心，即使明知会撞南墙撞得头破血流。

如果确认自己适合创业，就是想创业，那该考虑的问题就转变为如何让自己创业的成功率增加。创业到最后就是一个概率游戏，除了创业者的禀赋，提升成功率也要看方法和策略，还有运气。

首先，没有真正的创业导师。

我个人不相信这个世界有导人成功的导师存在，任何一个创业者都有独一无二的失败或成功轨迹，成功必然是不可复制的，即便失败也是不可复制的，虽然失败的很多原因大同小异。这个世界不存在成功导师，有的只是前辈，是伙伴，是三人行必有我师的“老师”。

前辈不仅仅是同行的创业者，而是只要对你有帮助有启发的探路人，他们的经验有时是无价的，能让你规避很多暗礁从而提升成功概率。一个有水准的伙伴对你的成长帮助也是无价的，有时不仅仅是技能上的指点，还是精神上的扶持。

其次，创业者要相信团队的力量。一个人创业成功的可能性在目前的商业世界已经微乎其微，超级英雄还存在，但基本停留在理论上。尽快找到你的同类，找到跟你志同道合并愿意与你一起拼搏的那群人，这是创业第一步。

最后，可以借助天使投资人的资源。初创团队可以找天使投资人，无论在资金和经验上，都能给予一定帮助，这是大幅提升成功概率的一个方式。当然即使这样，第一次创业成功的概率依然相当之小。

创业并不是一件简单的事情，尤其对刚毕业的大学生而言，如果你有一毕业就创业的想法，不妨先看看以上这些建议，然后再慎重做出决定。

无工作经验的应届毕业生如何制作简历？ | 职sir

首先要自信地明白一点，无工作经验是应届生的特权，有工作经验了那还叫应届生？

所以应届生简历不是要去凸显你多么老练多么厉害，而是表现你和这个岗位十分匹配。我已经总结好了，应届生制作简历只需要做好三件事，按此方法，不敢保你立拿 Offer，但简历不再被刷是毫无疑问的。

有人把个人简历比作广告文案，产品是你自己，用户是企业主。产品能否被用户购买，首先看广告能不能引起他的兴趣和注意。

想要做好这份广告（简历），只需要三步走。

一、搞清楚对方要什么人

这一步是最重要的，也往往是很多人最容易忽视的。

我看过的简历不下1000份，其中很多都制作精美，排版华丽，有些甚至还会配上自己彩色美颜照。然而，这些简历我大部分会Pass掉。

因为我要招的不是设计也不是模特，我不过是想招个销售，可整份简历炫得我眼都花了也没找到一个打动我的点，后面再碰到那些创意和美感齐发的简历，我已经无感了。

这就是大多数应届生制作简历时容易犯的错：不顾HR的想法。

那么问题来了，一个没毕业的菜鸟如何摸得透“老奸巨猾”的HR在想什么？

答案是，去分析他发布的JD（招聘需求），仔细看，一个字一个字看。

JD的内容总结起来无非传递着HR的3种需求，需要你根据具体信息去提取。

1. 关键需求。即明确说出来的那些具体的、专业的工作的需求，这部分需求一般是具体的、专业的名词，例如：绘制产品原型图、制作财务报表等。

2. 隐性需求。即没有明确说出或无法具体明说的需求，这部分往往要求比较虚，例如：领导力、组织能力等。

3. 筛选性需求。即具有筛选性的条件，例如：本科及以上学历、有实习经验等。这里需要说明的是，如果关键需求和隐性需求都已满足，筛选性需求其实已经不重要了。

比如一份2017年某公司校招游戏运营的启事，对岗位的描述是“您将有机会接触到世界最顶尖的游戏产品……您是业内一流运营团队的一员，完成包括产品内容优化、数据分析和品牌营销等一系列游戏发行工作……核心工作是听取用户心声，利用所有资源将最好的游戏品质呈现给用户，并且根据用户需求来不断完善产品内容……”。

对岗位的要求是“专业不限，综合素质扎实，学科成绩优秀；具有优秀的学习能力、创造力、沟通能力、逻辑思维、系统分析与文字组织能力，能从思考事物规律中获得乐趣；热爱互联网，对所使用过的主要互联网产品有独立和深入的见解；热爱游戏，具有各类网络游戏经验者优先，具备英、日、韩任意一种语言的阅读能力者优先；热爱生活，关注人性。”

以这份 JD 为例：

关键需求为“产品内容优化”“数据分析”“品牌营销”和“听取用户心声”。

隐性需求为“学习能力、创造力、沟通能力、逻辑思维、系统分析与文字组织能力”“思考事物规律”“热爱生活，关注人性”。

筛选性需求为“综合素质扎实，学科成绩优秀”“具有各类网络游戏经验，具备英、日、韩任意一种语言的阅读能力”。

不要怕麻烦，建议把这三类需求提炼成关键词写在纸上，在制作简历的过程中，随时拿出来对比，确保你的简历能够切中 HR 关注的点。

二、想清楚自己要写什么东西

分析出 HR 的关键需求和隐性需求后，你需要有针对性地在大脑中筛选自己所有的经历，作为你支撑这些需求的证据。

筛选的方法如下。

1. 直接经历。找到自己能够体现关键需求和隐性需求的直接经历，既然招的是游戏运营，优先找出你运营和营销的相关经历，比如做过运营实习生，写过营销策划案，分析过销售数据。

2. 间接经历。如果实在找不到直接经历体现 HR 的需求，可以挖掘一些能够间接体现自己能力与相关知识的事情，例如自己是某款游戏大神，靠写字吐槽圈粉无数，是互联网产品重度用户。

3. 标准能力。如果直接经历和间接经历都没有，不妨去写一些能够体现标准能力的事情，比如曾经用 3 个月时间雅思得到 7 分（学习能力），曾担任校报学生记者撰写 10 篇报道，其中获奖 2 篇（沟通和文字能力），大学看过 100 本心理学书籍并接受过专业训练（洞察人性）。

以上三种经历我不信你一个也想不出来，否则就别找工作了，再成长一年积累经验吧。

三、想清楚怎么写这些东西

列出了自己要写的经历后，还要清晰、合理地将这些内容包装在你的简历上。请注意我的用词是“包装”，而不是“堆积”。

先来看看什么叫“堆积”出的简历。

活动经历

中国 xx 大学摄影协会 北京，中国
主席 2013.10—2014.01

如何统筹的？如何协调的？用了什么方法？结果如何？

- 负责摄影协会日常工作的统筹协调，管理各部门日常工作进展，保证每周举办一次交流分享会。
- 曾联系数十名摄影专家和知名媒体，代表学校参与“国家摄影大典”，组织承办新华网摄影大赛、“你眼中的北京”等活动。
- 对协会的财务和人力管理制度进行优化改进，保证协会工作的高效进展。

以前有什么问题？如何优化改进的？最终效果如何？

显然这份简历语言很混乱，逻辑不清，任何一个 HR 看到这样的简历都会毫不犹豫地“Pass”掉，这也就是为什么很多人总觉得自己明明做过很多事情，简历却总通不过。

简历内容的“包装”其实是有规律可循的，我总结为“STAR”法则，即每一个经历的描述结构为：

背景（Situation）+ 任务（Task）+ 行动（Action）+ 结果（Result）

下面是用“STAR”法则“包装”后的简历：

活动经历

中国 xx 大学摄影协会　　北京，中国
主席　　2013.10—2014.01

背景（S）　任务（T）　行动（A）

- 关注组织创新，着力于改进组织的工作效率和建设学习型组织，率先启用轮岗制度，
结果（R）→整体工作效率提升 40%；每年筹办日常摄影活动、外拍及摄影知识讲座近 30 次。
- 担任摄影技术总负责人，联系数十名摄影专家和知名媒体，代表学校参与“国家摄影大典”，组织承办新华网摄影大赛、“你眼中的北京”等活动，校园反响十分强烈。
- 创立并完善学生会独立的财务制度和人力考核制度，年度节约预算近 30%。

有没有发现，同一个人同一件事，经过内容“包装”后，逻辑性和条理都清楚了很多，看完让人能够迅速捕捉到他身上的亮点和长处，这样的简历简直是 HR 的大爱。

到此为止，你还觉得简历写作很难吗？

不是班干部、没入学生会那些都不重要。一份简历就像一份广告，表现出你的个人潜力即可。当然，简历通过只说明企业对你有兴趣，面试会进一步了解你是什么样的人，到底是不是在吹牛，所以切记简历内容别造假！

对了，懒得自己制作简历的话，再推荐你个免费简历制作工具：超级简历 WonderCV。这个工具可以免费使用，一键排版，良心推荐！

一个人
在大城市也要好好工作 | vermouth

当你决定去大城市找工作时，不妨在出发前问自己三个问题。

一、为什么选择大城市？

这个问题曾经有两个人问过我。

一位是我初到广州找工作，面试时碰到的广西老乡。他问我为什么来广州，我那时特别天真幼稚，不假思索道："我喜欢这里的文化底蕴。"老乡笑得前仰后合。

一位是我的新老板。有一晚我们聊了工作上的事情，他送我回家。在车上他问为什么来广州，这一回我又是不假思索地回答："因为爱情。"

两个答案都是实话，但是都是错误的示范。

前段时间我爸给我打电话，说一个表妹大学毕业，正愁工作的事情，问我能不能在广州帮忙找个工作。他问我广州是什么情况，我说这里机会很多，但是竞争也很激烈，随便一个基础岗位的招聘信息发出去，一天就能收到几百份的简历。

大城市有光鲜的一面，耀眼的地标建筑、寸土寸金的中央商务区。但其实这些基本上和你没太大关系，与你息息相关的是加不完的班、吃不完的外卖、挤不上的公交和地铁。

来之前要想清楚，你有什么核心的竞争力足以让自己在大城市站稳脚跟。

二、你在大城市有没有能依靠的亲戚朋友？

尽量优先考虑亲戚而不是朋友，血缘关系往往比交情更靠得住。如果你有，立刻能解决短时间的生存问题。不要小看这个问题，能直接决定你第一晚是在嘘寒问暖中入睡，还是孤零零一个人在旅馆里辗转反侧。

亲朋好友是你在大城市里闯关的第一个外挂，会告诉你很多有用的信息。交通卡在哪里可以办？哪个片区交通便利、治安良好，租房子性价比相对较高？

三、你是否具备独自生活最基础的条件？

离家后才发现妈妈烧的菜是多么好吃。

离家后才发现原来灯泡还分螺口和卡口的。

离家后才发现忘了带钥匙是真的进不了门。

离家后才发现不是所有人都是围绕着你转。

离家后才发现人心险恶，家的温暖。

出发前你需要做好准备。

1. 需要准备三个月以上的，能维持你基本开销（包括房租、生活费、交通费）的资金。因为找到一份互相适合的、相对稳定的工作一般需要三个月左右。

2. 轻装简行。只随身携带必须（被褥、锅碗瓢盆可以等安顿下来之后再添置）的行李，装在一个背包里，尽量避免大包小包，因为乘坐长途交通工具最容易因为混乱拿少或者拿错行李。所有的证件事先扫描一份存在手机里，并且发送到自己的邮箱。

3. 到达时间不要选择下午 6 点到第二天早上 8 点这段时间，否则你要么会感受到能把地铁或公交挤到玻璃碎裂的汹涌人潮，要么就能领略凌晨 2 点在一座陌生城市叫天天不应叫地地不灵的狼狈。

4. 与家里约定每 4 至 6 小时通一次带暗号的电话。一定要用电话联系，因为微信、短信可以不是你本人发的，甚至电话也可以是在被胁迫的状态下打的，和家里约定你平安和危险两个不同的暗号。

去任何一个地方，都要把定位发给家里，倘若发生意外，警察不至于在偌大的城市里大海捞针，也是对自己负责的表现。这个习惯持续至你认为已经可以融入这座城市。

5. 永远不要低估人心的险恶，不仅不要相信天上掉馅饼，更要多换位思考。在县城做三轮车载客生意的表哥告诉我，初来乍到的外地人最容易分辨：一出车站、地铁站、机场就左顾右盼、一脸茫然。而本地人或对本地熟悉的人要么有人来接，要么很明确地知道怎么换乘、在哪一个出口出，对搭讪的人往往很冷漠。

刚认识两天的老乡说可以给你介绍月薪过万一天只上5小时班的工作，换位思考一下：这么好的工作，为什么他自己不去，反而要介绍给你？

离中央商务区直线距离500米、有2条地铁经过、治安堪比大同社会的房子，被舌灿莲花的中介夸得天花乱坠，为什么迟迟没人租？

6. 永远不要把鸡蛋放在同一个篮子里。身上不要放太多的现金，所有的储蓄要分开存在不同的银行卡，定期确认。

7. 关键时刻能帮助你的只有警察叔叔。遇到任何困难，远在家乡的父母只能干着急，近在咫尺殷勤的老乡你不能确认他是否可以信任，唯有全天24小时全年无休的警察叔叔值得你求助。一旦报警，警察是必须出警的。不要怕给他们添麻烦，但也不要滥用你的权利。

站稳脚跟后你要：

做好两手准备，持续了解你的家乡和你所在的大城市。

既要关心你所在城市的落户标准、哪个楼盘适合刚需，以你目前的收入水平、婚恋状况、家庭条件能不能在这里扎根。

也要和家乡父母、亲戚朋友、同学发小保持联系，尽可能去了解家乡在你不在的这段时间里有什么变化。不必去了解隔壁王婶儿家的母鸡最近不下蛋了这样无关痛痒的新闻，而是要去了解国家对你的家乡是不是有什么新的倾斜政策、房价是什么走向、政府最近在扶持或者大力发展哪个项目等。

做这些为的是，如果你哪天在大城市里混不下去了，回去的时候不至于两眼一抹黑。